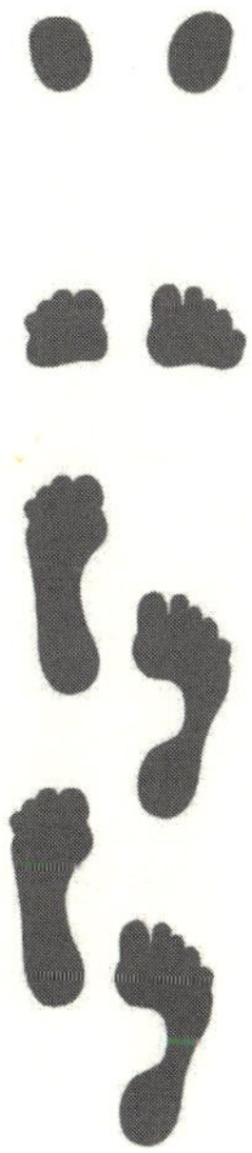

DR. LARRY DOSSEY

O PODER DA ORAÇÃO QUE CURA

COMO A FÉ PODE AJUDAR O CORPO E A MENTE A VENCER AS DOENÇAS

Tradução de
Carolina Caires Coelho

AGIR

Editora Nova Fronteira Participações S.A.
Rua Nova Jerusalém, 345 – Bonsucesso – 21042-235
Rio de Janeiro – RJ – Brasil
Tel.: (21) 3882-8200 – Fax: (21)3882-8212/8313

CIP-BRASIL. CATALOGAÇÃO NA PUBLICAÇÃO
SINDICATO NACIONAL DOS EDITORES DE LIVROS, RJ

D762p

Dossey, Larry, 1940-
O poder da oração que cura: como a fé pode ajudar o corpo e a mente a vencer as doenças / Larry Dossey ; tradução Carolina Caires Coelho. – 1. ed. – Rio de Janeiro: Agir, 2015.

Tradução de: Prayer is a good medicine
ISBN 978.85.220.3057-6

1. Religião e ciência. 2. Espiritualidade. I. Título.

14-17810 CDD: 231.73
CDU: 2-145.55

Aos meus colegas da área da saúde, que têm demonstrado a coragem de levar a oração ao hospital, à clínica e ao laboratório.

SUMÁRIO

Se Jesus, Maomé e Buda tivessem conhecido a penicilina, eles provavelmente a teriam usado — juntamente com a oração.

Acredito que a oração e as abordagens médicas padrão podem ser usadas em conjunto. Então, apesar de este livro abordar por que a oração é um bom remédio, não estou sugerindo que ela seja o *único* remédio ou que devamos depender dele *e não* de outros medicamentos.

A oração não é "melhor" do que o medicamento moderno. A oração, as medicações e a cirurgia: todos são uma bênção, uma graça, um dom. Por que não usar todos eles, com reverência e gratidão?

NOTA DO AUTOR

Muitos termos são usados ao longo deste livro para se referir a um Ser Supremo. Na maioria dos casos, escolhi o vocábulo mais neutro possível, como o *Absoluto*.

Costumo concordar com os sábios professores que dizem que todos os nomes de Deus são enganosos. Como todas as tradições esotéricas sábias nos dizem, o Absoluto "não pode ser descrito nem imaginado". Simplesmente não existem imagens confiáveis do Todo-poderoso. Como afirma o aforismo sufi de modo soberbo: "nenhum homem já viu Deus e continuou vivo".

No século XIV, um monge inglês anônimo, que acreditava ser o autor de *A nuvem do desconhecimento*, um tratado religioso exaltado que influenciou profundamente a vida religiosa da época, trazia seu lamento em relação à futilidade de abordar e até de pensar no Universal:

> Mas agora vocês vão me perguntar: "Como devo pensar em Deus em si e no que ele é?" E eu não consigo responder, só posso dizer: "Não sei!" Com

> essa pergunta, você me colocou na [...] nuvem do desconhecimento [...] sobre Deus em si nenhum homem consegue pensar.

Já Meister Eckhart, o grande místico alemão do século XIII, disse: "Quem percebe algo em Deus e relaciona algum nome a ele não está falando de Deus. Deus é [...] inefável." E "a natureza de Deus é não ter natureza".

Nesse momento na história, em que estamos vivendo um despertar muito necessário de valores que há séculos têm sido associados às mulheres, talvez seja importante indicar que o problema de dar nome ao Absoluto não é resolvido apenas substituindo todos os nomes e pronomes masculinos por femininos. *Deus* e *Deusa*, *ele* e *ela*, *criador* e *criadora*. O Absoluto está radicalmente além de qualquer descrição, incluindo o gênero.

Pensando nessas limitações, o leitor pode inserir, em todos os exemplos a seguir, seu nome preferido para o Absoluto — seja *Deusa, Deus, Alá, Krishna, Brahma*, o *Tao*, a *Mente Universal*, o *Todo-poderoso*, *Alpha e Ômega, o Único...*

INTRODUÇÃO

A oração voltou.

Depois de ser deixada de lado por um tempo neste século, a oração está ganhando o palco na medicina moderna. Os médicos a estão levando não apenas para dentro de escritórios, clínicas e hospitais, mas também para os laboratórios experimentais. As publicações médicas estão mais dispostas do que nunca a publicar estudos sobre os efeitos curativos da oração e da fé. Manchetes sobre oração têm figurado em diversas revistas nacionais e também em programas de TV, com relatos de cura e oração. Até mesmo o *Wall Street Journal* dedicou uma matéria longa na seção "Marketplace" a respeito dos estudos científicos sobre o assunto que estão em desenvolvimento atualmente. A maioria de vocês provavelmente diria: "Já era hora!" Pesquisas recentes mostram que 75% dos pacientes acreditam que seus médicos deveriam abordar questões espirituais como parte dos cuidados com a saúde, e metade dos pacientes quer que seu médico reze não apenas por elas, mas com elas. Parece que nós, médicos, começamos a perceber isso. Você pode se surpreender ao saber que a maioria de nós reza por nossos pacientes. Em dezembro de 1995, uma conferência intitulada "Espiritualidade e Cura na Medicina" foi feita na Faculdade de Medicina de Harvard, em Boston, uma de nossas melhores instituições médicas. Enquanto escrevia este livro, cerca de um terço das escolas de medicina dos Estados Unidos estava desenvolvendo cursos sobre medicina alternativa/complementar, e muitas delas enfatizavam as questões espirituais na área de saúde, incluindo a oração. Cinco escolas de medicina desenvolveram programas claramente dedicados a explorar a relação entre fé e saúde.

Estamos entrando em uma fantasia? Não mesmo. "Estatisticamente, Deus faz bem para você", diz David B. Larson, do National Institute for Healthcare Research, em Rockville, Maryland, que estuda a relação entre a espiritualidade e a saúde. "Meus professores [da escola de medicina] diziam que a religião é prejudicial. Então, analisei a pesquisa, e a religião é, na verdade, altamente benéfica. Se você vai à igreja e reza com frequência, a oração ajuda muito a prevenir doenças, mentais e físicas, e você lida com a doença de modo muito mais eficiente. Se analisar a pesquisa, em muitas áreas, ela é 80% benéfica. Fiquei chocado."

Eu também. Encontrei pesquisas sobre a oração durante os anos 1980, quando alguém me enviou um trabalho científico que detalhava como ela foi testada em um hospital moderno em um grupo grande de cardiopatas. Eu nunca havia pensado que alguém poderia testá-la como um novo medicamento — com oração para metade dos pacientes e sem oração para a outra metade, que foram os "controles", e calcular os resultados. Esse estudo sugeria fortemente um efeito terapêutico da oração distante e intercessora.

Quando me recuperei da surpresa, perguntei a mim mesmo: "Se a oração funciona, eu não deveria rezar pelos meus pacientes?" Na época, não acreditava na oração, e um único estudo não era convincente. Precisando de mais provas, embarquei em minha própria pesquisa e descobri — e me surpreendi ainda mais — que há mais de 130 estudos científicos na área geral da "cura", muitos dos quais utilizam a oração. Mais de metade desses experimentos indica fortemente que ela funciona. Em pouco tempo, passei a ver essa evidência como um dos segredos mais bem-guardados da medicina moderna, e comecei a rezar pelos meus pacientes.

Meus estudos a respeito da oração e da cura resultaram na publicação, em 1993, de meu livro *Palavras que curam*. Para minha satisfação, a boa aceitação ao livro me deu oportunidade de discutir a oração com vários públicos — em escolas de medicina e hospitais, organizações de médicos e enfermeiras, grupos de leigos e igrejas, no Instituto Nacional de Saúde, em uma força-tarefa para a reforma dos cuidados médicos, em uma seção do parlamento inglês, e até no Pentágono.

Certas questões surgiram muitas e muitas vezes nessas discussões. Sei que elas estão em sua mente também, porque vocês me mandaram centenas de cartas descrevendo suas experiências e crenças a respeito da oração. Descobri que a maioria de vocês se interessa por quatro áreas gerais: a evidência científica da oração, as controvérsias associadas com os experimentos acerca da oração, o que é a oração, e como rezar. Este livro é organizado de acordo com essas quatro categorias. As várias seções são independentes e podem ser lidas em qualquer ordem. Seja seu próprio guia.

Escrevi este livro como uma conversa sincera, não como um trabalho acadêmico ou tese. Se quiser analisar com mais atenção as questões que envolvem a oração, consulte *Palavras que curam*, onde você poderá encontrar descrições e citações dos experimentos.

Ao ler este livro, espero que você resista à tentação de acreditar ou só na oração ou só na medicina moderna. Como médico, já indiquei medicações e procedimentos cirúrgicos porque sei que eles funcionam. Mas a oração também. A meu ver, não temos que escolher só a medicina de alta tecnologia ou só a oração. Se você tem apendicite, acredito que deva fazer uma cirurgia, porque é o tratamento mais eficiente que a humanidade já desenvolveu para esse problema em particular. Mas por que não empregar a oração juntamente com a cirurgia? Pensamentos parecidos com oração, oferecidos a distância, já mostraram aumento no índice de cura de cortes cirúrgicos, e a fé religiosa está associada à recuperação mais rápida depois de uma cirurgia. Devemos seguir uma abordagem de bom senso quando adoecemos: usar o que funciona. Na maioria das situações médicas, haverá espaço *tanto* para a oração *quanto* para a medicina moderna.

Apesar de a ciência nos mostrar que a oração funciona, ela não nos diz *como* funciona. A ciência é limitada ao estudo da oração. Assim, aquela nunca engolirá esta, como algumas pessoas temem. Os mistérios sagrados permanecerão.

Escrevi este livro sob a influência das orações de milhares de pessoas que têm rezado por mim e pelo meu trabalho. Do fundo do coração, sou grato. Vocês podem continuar rezando por mim?

— Larry Dossey

Parte um

A EVIDÊNCIA

Testar a oração é um ato de adoração

E se, na próxima vez que você ficasse doente, seu médico dissesse: "Tome muitos medicamentos. Não preste atenção se são os certos, e não se preocupe em contá-los. Tome muitos, sempre que possível, porque eles curam." Ainda que você acredite na cura por medicamentos, consideraria esse conselho irresponsável e perigoso? Há muitos tipos de fármacos — alguns úteis, outros que não servem para nada, e há aqueles que são prejudiciais. Alguns funcionam sozinhos; outros, se combinados. Apenas com um exame cuidadoso esses efeitos podem ser analisados e os medicamentos, usados com segurança e de modo eficiente.

A mesma coisa pode ser dita a respeito da oração. Existem tipos diferentes de oração, e a evidência sugere que rezar, como os medicamentos, pode ter efeitos positivos, neutros ou negativos. Com base nessa evidência, pode ser inteligente usar um alerta à oração: "Pode ser prejudicial a sua saúde."

Uma das melhores maneiras de entender as nuances da oração e de aprender a usá-la da melhor maneira é examiná-la cuidadosamente nos experimentos científicos. Todo mundo deveria se interessar, na minha opinião, por essa evidência, até mesmo quem já acredita na oração.

Algumas pessoas acreditam que a ciência é a inimiga da fé e que a oração não deveria ser testada cientificamente. Mas os cientistas também precisam de fé. Na verdade, tenho pensado que muitos cientistas têm mais fé do que pessoas religiosas. Por exemplo, eles têm fé na regularidade e nos padrões do universo; fé de que o conhecimento é possível; fé de que a natureza vai se revelar se prepararmos a *nós* e nossos experimentos de modo adequado. Sem a fé, a ciência não seria possível. A fé é uma base da ciência, assim como é da oração.

Quando testamos a oração, não estamos necessariamente invadindo os portões do céu. É possível que estudos científicos a respeito da oração sejam totalmente livres de arrogância e presunção. Eles podem ser exercícios sagrados e reverentes nos quais convidamos — não obrigamos — o Todo-poderoso a se manifestar. Testar a oração pode ser uma forma de adoração, um ritual por meio do qual expressamos nossa gratidão por esse fenômeno extraordinário.

Um amigo meu que é cientista faz experimentos sobre a oração. Ele incorpora a abordagem que estou defendendo. "Para mim", disse ele certa vez, "fazer um experimento para ver se a oração funciona é como promover um jantar chique. Preparo a refeição mais convidativa que consigo imaginar, arrumo a mesa do modo mais bonito e abro as portas da minha casa para ver se alguém se sentará a essa mesa. Se não se sentarem, o jantar não estava tão atraente. Um experimento sobre a oração funciona de modo parecido. Se eu organizar o experimento de modo convidativo, o Divino pode 'aparecer' e eu terei resultados positivos. Caso contrário, tenho que me esforçar mais da próxima vez".

Teilhard de Chardin, um padre e estudioso jesuíta, disse certa vez algo parecido: "A pesquisa é a forma mais sublime de adoração."

Experimentos com a oração podem ajudar a conciliar religião e ciência

A maioria de nós reza e acredita que nossas orações serão atendidas. Não estamos ansiosos à espera dos resultados dos próximos estudos de laboratório a respeito da oração. Sentimos que já temos evidência sobre a oração em nossa vida, que é o laboratório mais importante de todos.

Ainda assim, não podemos escapar da influência da ciência em nossa vida. A abordagem científica se infiltrou em todos os aspectos de nossa existência. Antes de assumir uma posição sobre uma questão controversa — aquecimento global, por exemplo, ou tratamentos alternativos para o câncer —, perguntamos a nós mesmos: "O que diz a ciência?"

A oração, como quase tudo, está sendo analisada pela ciência. Alguns cientistas e médicos começaram a reconhecer que a oração peticionária, na qual a pessoa reza para si mesma, tem efeitos positivos e saudáveis, mas muitos deles afirmam que isso se deve *apenas* aos fatores psicológicos, como pensamento positivo, expectativa e autossugestão. Alguns desses cientistas costumam acreditar que a oração de intercessão ou distante não pode ser eficiente; a mente não consegue, sozinha ou por meio de um Ser Supremo, fazer as coisas acontecerem a distância. Dizem que, se acreditarmos na oração distante, estaremos nos enganando. Mas quando testamos experimentos reais em hospitais, clínicas e laboratórios, é essa oração que *tem* efeito — em humanos e não humanos, mesmo quando quem a recebe não sabe que ela está sendo feita.

Esses desenvolvimentos são incalculavelmente importantes na cura da divisão dolorosa na vida moderna entre a religião e a ciência. Não temos que separar nossas vidas, deixando o intelecto de um lado e a espiritualidade de outro. A evidência científica por trás da oração pode ajudar a curar essas divisões dolorosas na psique moderna. É por isso que muitas pessoas, incluindo as que creem, costumam receber muito bem a evidência experimental da oração. Elas descobrem que sua fé é fortalecida, não diminuída, pela atenção que a ciência dá à oração.

Honrar essa evidência não quer dizer que estamos deixando a ciência manter a oração refém. A oração não precisa da aprovação da ciência. Mas, se as velhas inimigas puderem fazer as pazes, permita que façam isso, pois todos nos beneficiaremos espiritualmente dessa trégua.

O IMPACTO DOS EXPERIMENTOS DA ORAÇÃO EM RELAÇÃO A CRENÇAS RELIGIOSAS

Não é mais uma questão de *se* os experimentos provam que a oração funciona; *eles já provaram*. As novas perguntas são: Qual é o efeito? Qual será o impacto dos experimentos científicos na fé religiosa e na religião organizada?

Muitos indivíduos e organizações se uniram para examinar a oração com a ajuda de estudos científicos. Uma organização desse tipo é a Spindrift, que ao longo de duas décadas desenvolveu muitos testes experimentais mostrando os efeitos positivos da oração em indivíduos não humanos. Antes de começar seus experimentos, em 1975, os pesquisadores na Spindrift dedicaram cinco anos para explorar as preocupações éticas que surgiriam com seu trabalho científico. "Os testes foram um tipo de tentação ou foram um presente de amor ao mundo moderno, dado por um Deus generoso?", pergunta a ex-vice-presidente da organização, Deborah Rose. É uma heresia "testar Deus" no laboratório? A abordagem experimental destruiria a fé? Nenhuma outra organização confrontou essas perguntas de modo tão honesto.

Em 1994, a organização recebeu uma carta de uma mulher de Topeka, Kansas, que temeu que os testes da Spindrift resultariam na secularização da religião. Ela temia que a religião caísse nas mãos de cientistas de laboratórios, e não queria ver a beleza de seus ensinamentos religiosos serem substituídos por dados frios e sérios.

Em resposta a preocupações como a dessa mulher, Rose reconhece que as pessoas costumam acreditar que os experimentos da Spindrift são tentativas de provar, atentar ou limitar Deus com tubos de ensaio. Mas os exames não são feitos desse modo, ela diz. "Não estamos montando uma armadilha para pegar Deus, estamos abrindo uma janela para observá-lo trabalhar."

Os pesquisadores da organização não temem que seus experimentos com a oração tirem a força da religião. Eles estão mais preocupados com o efeito *oposto*. "[Sentimos] que os testes devolverão o poder à religião. Isso, por si só, é muito perigoso. A Igreja não usou tal poder com sabedoria."

Para esses pesquisadores, são riscos que valem a pena corrermos. "Se quisermos trazer a habilidade de curar espiritualmente de volta ao mundo, devemos abrir lugar para isso", afirma Rose. "É como impedir que um pássaro raro se torne extinto. É preciso ir além de proteger o pássaro. É preciso proteger e expandir seu *habitat*. Devemos abrir espaço para a cura espiritual no mundo. Os dados dos testes da Spindrift são uma maneira de demarcarmos território."

Tais experimentos não ameaçam a oração, na visão de Rose. "Expressar a teologia em 'dados frios e sérios' [não] substituirá a escritura, nem os vitrais, hinos de louvor nem os testemunhos e todas as lindas expressões da religião em nossa sociedade. Isso fará com que elas floresçam porque proporcionará um *habitat* maior no qual tais coisas possam crescer. Também haverá novas expressões, novas expressões científicas computadorizadas, sobre teologia. Algumas pessoas considerarão isso ofensivo. Outras [...] dirão que é lindo e significativo. Por que não ter as duas coisas? Nem todo mundo vê os dados como frios ou impessoais. Na minha religião, um dos nomes de Deus é Princípio... No centro dos dados [experimentais], tenho vislumbres do Princípio, ou Deus..."

Rose continua: "A prova traz questões teológicas [antigas] à luz. Quem decidiu, no passado, o que e quem era sagrado, o que era pecaminoso e quando era pecador? Às vezes, era uma questão política... Anseio por ferramentas como os testes da Spindrift, que ajudarão a tornar a religião menos manipuladora, menos secular e mais pura."

Rose também teme que as pessoas possam usar os testes para promover um único tipo de religião. "Provando a religião cientificamente, poderíamos perder a liberdade de religião, e poderíamos perder toda a beleza e a individualidade de tradições religiosas diferentes... Esse cenário triste não precisa acontecer. Os testes mostram que as pessoas de diversas tradições religiosas se saem igualmente bem."

Outro perigo dos experimentos é que as pessoas podem usá-los para desenvolver meios de prejudicar os outros. "A pesquisa pode tornar o lado escuro do poder mental mais óbvio e acessível às pessoas [...] É possível fazer uma pessoa ficar doente pelo poder do pensamento, e até matá-la [...] Quando os testes da Spindrift ou outros do mesmo tipo se tornarem comuns pela réplica, o lado escuro do pensamento pode surgir. Aqueles mais propensos conseguirão aprender mais facilmente o uso destrutivo do poder mental", diz Rose.

Apesar dos imprevistos possíveis, pesquisadores da Spindrift, depois de duas décadas de experimentos com a oração, concluem que os benefícios dos testes são maiores do que os problemas. "Qualquer coisa que traz a verdade à superfície, e nos ajuda a entender mais sobre a natureza do universo no qual vivemos, é uma bênção inevitável, por mais alto que seja o preço. A ignorância é o maior perigo", observa Rose.

Depois da publicação de meu livro *Palavras que curam*, descobri que muitas das previsões de Rose eram verdadeiras. Grupos fundamentalistas de todo o país reagiram com revolta, condenando a evidência científica como "oculta" e "New Age", sem parar para pensar se os estudos eram válidos. O principal motivo pelo qual eles se ofenderam parece ser porque os experimentos de oração mostram, como afirma Rose, que "as pessoas de diferentes tradições religiosas se saem igualmente bem nesses testes". Em outras palavras, os experimentos deixam claro que nenhuma religião específica tem um monopólio sobre a oração. Isso é contrário à crença de muitos fundamentalistas de que o Todo-poderoso está ligado principal ou exclusivamente a eles; de que aqueles que não são "salvos" não conseguem rezar de modo eficiente; e que a única oração verdadeira que as pessoas de fora de sua fé podem oferecer é a de misericórdia e perdão. Para quem mantém tais crenças, os experimentos com a oração representam um conflito enorme entre a ciência e a fé. Quando esses dois mundos colidem, a ciência costuma sair de cena e o dogma é mantido.

Estou convencido de que esses experimentos não se opõem à espiritualidade genuína. Eles são uma ameaça apenas à estreiteza e à exclusividade, que são a base da intolerância científica. Não é o Absoluto que é ameaçado pela evidência científica que favorece a oração, mas apenas a nossa própria arrogância, orgulho e o *status* especial que algumas religiões assumiram. Os experimentos com oração equilibram o campo do rezar. Eles mostram que a oração é um fenômeno universal que pertence a toda fé e a todo credo, e esses estudos, assim, afirmam a tolerância.

A COMPREENSÃO CIENTÍFICA DA ORAÇÃO É LIMITADA

Descobri que a maioria das pessoas dentro das principais religiões dos Estados Unidos é extremamente tolerante com os experimentos envolvendo a oração. Elas estão abertas para uma aproximação entre ciência e religião na qual os vetores intelectuais e espirituais da psique humana possam se unir em harmonia. Algumas delas veem a experiência com a oração como um avanço para a religião em si. Concordam com Emerson ao dizer que "a religião que tem medo da ciência desonra Deus e comete suicídio". E elas concordam com a antropóloga Margaret Mead, que disse: "Precisamos de um sistema religioso com a ciência em sua essência, na qual a oposição tradicional entre a ciência e a religião [...] possa ser resolvida de novo, mas em termos do futuro, e não do passado."

Quem teme que a ciência sobrepuje a religião talvez não compreenda os limites da ciência. Quando investigamos a oração cientificamente, podemos mostrar apenas que ela funciona, não *como* nem *por que* funciona. Isso quer dizer que existe um limite que a ciência não pode ultrapassar. Esses limites são ilustrados na seguinte conversa entre um professor de ciência e o candidato-aluno que ele estava avaliando:

Examinador: O que é eletricidade?
Candidato: Ah, senhor, tenho certeza de que aprendi o que é — tenho certeza de que sabia —, mas me esqueci.
Examinador: Que pena. Apenas duas pessoas sabem o que é a eletricidade: o Criador da Natureza e o senhor. E, agora, um de vocês se esqueceu.

A ciência levanta mais questões sobre a oração do que responde, pois não consegue medir o imensurável. Isso deixa muitas facetas da oração amplamente intocadas, e cria uma abertura para que as várias religiões liguem os pontos como bem quiserem.

Como era de se esperar, alguns cientistas não concordam com isso. Eles acreditam, com uma lógica bem maluca, que a ciência desaprovou o Todo-poderoso, apesar de o Absoluto estar além das medidas e, assim, além da ciência. Mas não podemos ser levados por esse preconceito. Podemos analisar uma visão que tem sido mantida pelos cientistas do mais alto calibre, na qual *tanto* o poder quanto as limitações da ciência são reconhecidos. Uma expressão típica dessa perspectiva é o comentário do físico vencedor do prêmio Nobel Erwin Schrodinger. As observações dele podem servir como consolo para quem teme misturar ciência e oração:

> Não devemos esperar que as ciências naturais nos deem conhecimento direto sobre da natureza do espírito; não devemos *esperar* penetrá-la, por mais

> que aprendamos a respeito da física e da química dos processos corporais com os quais encontramos percepção e pensamento objetivamente relacionados; e não devemos *temer* que até mesmo o conhecimento mais exato do mecanismo das leis e desses processos por meio dos quais eles operam — um conhecimento de que a essência está e sempre estará no espírito — possam restringir o espírito em si, ou seja, possam nos levar a considerá-lo preso, "mecanicamente determinado", com base na ideia de que ele está relacionado ao processo fisiológico mecanicamente determinado e sujeito às leis da natureza.

Max Planck, cujas descobertas montam o palco para a revolução quântica-relativista na física, viu que ciência e religião estavam naturalmente entrelaçadas. Ele disse:

> Nunca haverá uma oposição real entre a religião e a ciência, pois uma complementa a outra. Todos os dias, uma pessoa séria e reflexiva percebe, creio eu, que o elemento religioso na natureza deve ser reconhecido e cultivado para que todas as forças da alma humana atuem juntas, em equilíbrio e harmonia perfeitos. E, de fato, não foi por acaso que os maiores pensadores de todos os tempos também eram almas profundamente religiosas, apesar de não demonstrarem seus sentimentos religiosos... Todo avanço no conhecimento nos coloca cara a cara com o mistério e o nosso próprio ser.

A lista de excelentes físicos que tinham visões parecidas é muito longa. Inclui gigantes como Einstein, Bohr, Heisenberg, Eddington, Jeans e outros. As concepções deles foram reunidas pelo psicólogo Ken Wilber em um ótimo livro, intitulado *Quantum Questions: The Mystical Writings of the World's Great Physicists.*

Dizem com frequência que a ciência "refutou Deus", mas isso é uma impossibilidade, e esses grandes cientistas sabiam disso. A ciência só lida com o que pode ser medido por seus vários equipamentos de detecção — e os cientistas não têm como medir Deus. Algumas coisas estão além da ciência. Tudo o que conta não pode ser contado. Quem deseja proteger a oração da ciência e jogar fora os experimentos acerca da oração deve analisar seus motivos. A primeira pergunta que deveria ser feita — e isso quase nunca é feito — é: "O que os estudos mostram de fato? Eles são válidos?" Se realmente reconhecermos os dados e decidirmos que é verdade, podemos fazer mais perguntas. Por que sentimos vontade de descartar fatos experimentais? Estamos tentando "proteger a oração" como se o Absoluto precisasse de nossa ajuda? Quais de nossas crenças religiosas particulares estão sendo ameaçadas? Devemos repensar algumas delas?

Um dos exemplos mais corajosos de quem une a religião à ciência vem de Sua Santidade, o Dalai Lama. Diferentemente de muitos líderes religiosos, Dalai Lama adora a ciência e se encanta nas trocas com cientistas. Certa vez, perguntaram a ele como o budismo reagiria se a doutrina budista colidisse com fatos científicos sólidos. Ele respondeu que, se isso acontecesse, as próprias palavras do Buda deveriam ser rejeitadas. Mas acrescentou, com um brilho no olhar, que não estava preocupado, pois ao longo dos tempos o budismo sempre encontrou muito espaço no qual se remanejar.

Quem teme os experimentos com a oração pode relaxar. A oração e o Todo-poderoso não podem ser prejudicados pela ciência. Somente nossos preconceitos correm perigo.

A ORAÇÃO NÃO É SÓ UM PLACEBO

Muitos acreditam que a oração não tem poder próprio. Segundo eles, as pessoas só melhoram com a oração porque *esperam* que ela funcione. Chamamos isso de "efeito placebo".

A palavra *placebo* vem do latim e quer dizer "posso, por favor". Um placebo é uma substância inerte e inofensiva — um comprimido de açúcar ou uma injeção de água — dada a pacientes para satisfazê-los ou agradá-los.

Os efeitos placebo são resultados que podem ser atribuídos à crença, expectativa, sugestão ou "pensamento positivo". Em outras palavras, se seu médico receitar um comprimido placebo e você se sentir melhor depois de tomá-lo, não foi por causa da pílula, mas, sim, por causa de seus pensamentos, emoções, crenças e etc.

No caso da oração, não há dúvida de que as crenças de um indivíduo desempenham um papel: tanto na oração peticionária, na qual a pessoa ora para si mesma, quanto na oração intercessora ou distante, *quando o receptor da oração sabe que estão rezando por ele*, o simples fato de perceber que a oração talvez funcione pode causar efeitos positivos. Mas isso não quer dizer que os resultados da oração nesses dois casos se devem *apenas* aos efeitos placebo.

Há incontáveis momentos nos quais a oração distante ou intercessora funciona *sem o conhecimento* de quem a recebe. Quando a oração funciona nesses casos, não pode ser inteiramente devido aos efeitos placebo.

Devemos ser menos críticos em relação a esses efeitos, como quando dizemos que algo é "só" um placebo. Os efeitos placebo são como um motor em um automóvel, capaz de melhorar o desempenho de qualquer terapia. Devemos parar de nos referir a eles como um problema, como os médicos costumam fazer. Os efeitos placebo não atrapalham a medicina "real". Deveríamos nos sentir gratos pelos poderes da expectativa, da sugestão e do pensamento positivo poderem aumentar o poder da oração. Os efeitos placebo são um presente. Por que rejeitá-los?

A ORAÇÃO NÃO PRECISA LEVAR A LUGAR ALGUM

Várias décadas atrás, uma canção gospel chamada "The Royal Telephone" era popular no sul dos Estados Unidos. A letra dizia que as linhas telefônicas de Deus estão sempre livres, e uma comunicação entre nós e Ele pode ser estabelecida a qualquer momento. Hoje em dia, as imagens da oração com telefones pretos desajeitados e mesas telefônicas com fios parecem extravagantes e fora de moda, e estão sendo substituídas cada vez mais depressa por imagens atualizadas. Atualmente, "Deus como satélite de comunicação" é especialmente moderno. Mandamos nossas orações para cima — para cima, para cima, sempre para cima — e, se ele aprovar, atende ao pedido do necessitado. Existem outras imagens populares. Há pouco tempo, vi um desenho no qual um menino está segurando uma folha de papel e dizendo a sua mãe: "Escrevi uma oração. Deus tem fax?"

Em uma antiga história budista, muitos monges estão lamentando a perda do mestre mais velho, que havia morrido naquele dia. Alguém pergunta: "Para onde foi a alma do mestre?" A discussão se estende por horas sem consenso. O jovem monge escolhido pelo mestre falecido para ser seu substituto se exalta com a conversa e finalmente pergunta: "Por que a alma dele tem que ir a algum lugar?"

Por que achamos que é preciso que a oração chegue a algum lugar? A oração é uma coisa? Ela precisa viajar?

Nossas imagens da oração sugerem que ela é um tipo de mensagem física — uma carta, por exemplo — que deve chegar a um destino específico. Nossas orações são como telefonemas e sinais de TV transmitidos por meio de cabos de fibra ótica ou enviados por satélites e estações de transmissão. Dizer que as orações precisam ser enviadas "a" Deus sugere que Deus é um ser localizado em algum lugar distante.

As descobertas dos estudos científicos a respeito da oração não corroboram essa ideia da oração como uma mensagem física enviada a um deus que mora em algum lugar longe. Em um estudo feito pelo cardiologista Randolph Byrd envolvendo 393 pacientes na unidade de terapia coronária do San Francisco General Hospital, grupos de oração em diversas partes dos Estados Unidos receberam o pedido de rezar por pessoas doentes de um grupo de "tratamento"; ninguém rezou para as pessoas no grupo de controle. Além da oração, todos os pacientes receberam a mesma terapia de alta tecnologia. Foi um estudo duplo-cego: nenhum paciente, nenhum médico e nenhuma enfermeira sabia quem estava recebendo orações ou não. Byrd descobriu que os pacientes que estavam recebendo orações tinham resultados melhores em muitos exames.

A distância *não* foi problema na questão da eficácia da oração. As orações do outro lado do país pareciam ser tão eficientes quanto as de grupos próximos ao hospital.

Outros estudos compararam a capacidade de as pessoas influenciarem os índices de crescimento de organismos de perto (1,5m) e de longe (24km). Mais uma vez, a distância não foi problema. Perto ou longe, a força da influência foi a mesma.

Os resultados dos experimentos lidando com a cura espiritual nunca detectaram nenhum tipo de energia sendo passada entre o curador e o curado. Isso dá a entender que nada *físico* é enviado entre quem reza e quem recebe a oração. Além disso, esses estudos mostram insistentemente que a oração é tão eficiente a grandes distâncias quanto de perto. Se um tipo de energia física estivesse sendo enviada, a oração seria mais forte em distâncias menores do que em maiores, porque a energia física enfraquece com a distância. Os efeitos da oração também não podem ser bloqueados nem protegidos, o que não seria o caso se um tipo de energia estivesse sendo enviada do curador ao curado. Os experimentos sobre a cura com base na oração dão uma ideia clara: a oração não é uma forma convencional de energia que é "enviada" ou "recebida".

Para quem acha que oração é o mesmo que energia, isso passa a impressão de que a oração não funciona — se não tem energia, não tem efeito. Mas funciona *sim*. São as nossas imagens da oração que não funcionam. Quando reunirmos a coragem de aceitar o Absoluto *como* Absoluto, não precisaremos de imagens mundanas da oração. Perceberemos que a oração, como a alma do mestre que partiu, não precisa ir a lugar algum.

Apesar de os cientistas não conseguirem explicar como a oração funciona a distância, existem desenvolvimentos em certas áreas que podem, um dia, esclarecer como ela funciona.

Na física quântica, que se limita às menores dimensões do mundo físico, muitos experimentos nas últimas duas décadas revelaram a existência do que foram chamados de acontecimentos *não locais*. Uma explicação breve: se duas partículas subatômicas que estavam em contato forem separadas, uma mudança em uma delas está ligada a uma mudança na outra, instantaneamente e na mesma intensidade, por mais afastadas que elas estejam. Esses acontecimentos distantes são chamados de *não locais*.

Os acontecimentos não locais têm três características em comum. São considerados *não imediatos*. As mudanças distantes não dependem da transmissão de energia nem de nenhum outro tipo de sinal energético; eles são *não mitigados*. A força das mudanças não se torna mais fraca com uma distância maior; e elas são *imediatas*. As mudanças de distância ocorrem simultaneamente.

A pergunta mais difícil agora é: como uma das partículas distantes pode estar instantaneamente consciente da mudança em sua parceira distante? Como as duas podem se manter em sincronia instantânea? Se as partículas mudam simultânea e independentemente da distância entre elas, isso sugere que elas não estão realmente separadas, mas são, de certo modo, uma única partícula ou "uma mente". Confuso? Sim, até mesmo para os médicos envolvidos.

O médico vencedor do prêmio Nobel, Brian Josephson, do Laboratório Cavendish, da Universidade Cambridge, sugere que esses fenômenos *quânticos* não locais podem esconder muitos acontecimentos *humanos* que ocorrem ao longe — por exemplo, tipos de percepção extrassensorial, como clarividência e telepatia.

A oração distante e intercessora também pode ser explicada por fenômenos quânticos ocultos? Nenhuma forma de energia já foi identificada como "transmissão". E como parece ser eficiente em distâncias globais assim como à cabeceira da cama, a distância não é, aparentemente, um fator limitador. A oração intercessora, assim, guarda forte semelhança com os acontecimentos locais estudados pelos médicos.

As "explicações" baseadas em estatísticas, a respeito da oração intercessora, no entanto, têm uma grande limitação. Dizer que ela pode se basear em conexões quânticas não locais é apenas trocar um mistério por outro. Os médicos não sabem *como* os acontecimentos não locais acontecem, mas apenas que eles *acontecem*. Isso traz à mente um velho ditado: "Os médicos nunca entendem uma teoria nova, apenas se acostumam com ela."

Hoje, o termo *quantum* é usado para descrever tudo o que se pode imaginar — sem dúvida, logo ouviremos sobre a "oração quântica". Isso reflete certa inveja da física dentro de nossa cultura. O filósofo Stephen E. Braude, da Universidade de Maryland, chama isso de "modo de pensar que o pequeno é belo" — a crença de que, se algo pode ser relacionado ao domínio subatômico invisível, se torna mais respeitável, de certo modo. Mas, no nível quântico, o mistério não desaparece, ele se aprofunda. O *quantum* oferece a ilusão da compreensão. *Quantum* não é "como".

Existem outras hipóteses para a oração. Alguns pesquisadores da parapsicologia sugeriram que a oração distante é "apenas" um exemplo da psicocinese, ou da mente sobre a matéria. Mas como isso funciona? Outros sugerem que a troca de *informação*, não de energia, se envolve na ação da oração intercessora a grandes distâncias. Talvez. Mas isso parece estar substituindo um desconhecido por outro.

Provavelmente não sabemos como a oração distante age até compreendermos como a consciência funciona, porque o amor, a empatia e o carinho profundo parecem catalisar ou montar o cenário para os efeitos da oração. A busca por uma explicação a respeito da oração distante é uma busca para entender a mente.

À luz de nossa atual ignorância em relação à ciência, a respeito de como age a oração distante, aqueles que desejam acreditar que "Deus faz isso" devem se manter firmes. Essa explicação parece ser muito boa, e melhor do que a maioria.

Parte dois

A CONTROVÉRSIA

Avaliando a crítica de que "a oração mata"

Os céticos nunca se cansam de dizer as piores coisas sobre a oração. Uma das críticas mais comuns é que quem defende a oração tira as pessoas de suas terapias "reais", como medicamentos e procedimentos cirúrgicos. E que quem defende a oração está, assim, causando a morte das pessoas. É o argumento de que a oração mata.

A oração mata? Em comparação a quê? Qualquer resposta que dermos deve levar em conta o registro da medicina ortodoxa. Todos os anos, quase dois milhões de indivíduos internados em hospitais dos Estados Unidos acabam contraindo infecções que não tinham quando entraram. Deles, quase oitenta mil morrem. É o equivalente a um avião grande de passageiros caindo todos os dias, a mais fatalidades do que na guerra da Coreia ou do Vietnã, mais de quatro vezes o número de pessoas mortas em acidentes de carro todos os anos, e mais da metade das que morreram de Aids nos Estados Unidos. Em muitos hospitais, mais de um terço de todas as internações em unidades de terapia intensiva se deve a causas iatrogênicas, que são problemas causados por médicos e por tratamentos com medicamentos e cirurgia que fazemos. Em qualquer outra esfera da vida moderna, essa situação seria considerada um escândalo nacional. Essas estatísticas não surgem de uma revolta de médicos nem de uma crítica ao "sistema"; são apenas dados. A questão é: se fôssemos manter os dados entre a oração e a medicina moderna, registrando as mortes diretamente atribuíveis a cada uma, não haveria a necessidade de ciclos extras, hora extra ou extensões. A medicina moderna venceria a corrida da morte todas as vezes, com folga.

O *Physician's Desk Reference* — o respeitado *PDR* — é o guia médico da profissão para a descrição de medicamentos, e tem sido publicado duas vezes por ano há meio século. A 49ª edição, do ano 1995, tem quase três mil páginas e vários quilos. Uma boa parte desse peso é dedicada a "Alertas", "Contraindicações", "Precauções" e "Reações adversas" de cada medicamento. Os efeitos colaterais podem ser triviais — uma erupção na pele ou náusea — ou fatais. Um dia, a oração pode acabar em um tipo de *PDR* que descreva seus danos. Se isso acontecer, é inconcebível que ela possua tantos efeitos colaterais quanto as terapias que atualmente usamos.

Há anos, os críticos têm feito acusações idênticas contra a oração e as terapias alternativas anticâncer e têm considerado essas duas abordagens como fraudulentas. Dizem que as duas matam porque enganam as pessoas para que abandonem métodos testados e aprovados de quimioterapia, cirurgia e irradiação. Os terapeutas alternativos, segundo dizem, focam em pessoas sem instrução, pobres, sem privilégios, ingênuas, desesperadas e irracionais. Os fatos mostram outra coisa. As pesquisas já mostraram com frequência que as pessoas que optam por terapias alternativas normalmente são *mais* educadas e mais ricas, não menos. E, quando as pessoas escolhem terapias alternativas, elas geralmente *não* abandonam medidas ortodoxas, mas as usam em conjunto. A maioria das pessoas também não faz opção pela oração ou pela medicina convencional. Quando ficam muito doentes, elas normalmente usam as duas.

Os fatos mostram que os norte-americanos não usam a oração logo quando ficam doentes. A maioria deles já está rezando quando a doença acontece. As pesquisas mostram consistentemente que a maioria de nós — mais de 90% das mulheres e mais de 80% dos homens — reza com frequência, mesmo quando está bem. Assim, as pessoas não se voltam à oração repentinamente, do nada, como substituta da medicina convencional; a grande maioria sempre rezou.

A oração mata? Vamos ver como essa questão é aplicada a um medicamento como a penicilina. Mesmo quando pessoas altamente alérgicas morrem depois de usá-la, os médicos não dizem que a "penicilina matou", mas, sim, que o paciente teve uma "reação ruim" à substância. A medicação é desculpada; foi o corpo que falhou. Seguindo essa mesma linha de pensamento, nunca diríamos que a oração matou alguém. Se alguém morrer depois de depender totalmente da oração, foi porque seu corpo reagiu mal. A tolice expressa aqui é intencional. Gostaria apenas de dizer que devemos aplicar uma simetria crítica, e não um padrão duplo a todas as terapias — medicamentos, cirurgia, oração e tudo mais.

CELEBRANDO A DIVERSIDADE DA ORAÇÃO

Nunca me esquecerei de uma experiência que tive em um programa de rádio depois da publicação de *Palavras que curam*. A apresentadora do programa era uma mulher profundamente espiritual que queria se concentrar na universalidade da oração. Discutimos os estudos de laboratório mostrando que as orações de uma grande variedade de religiões são respondidas, e conversamos sobre as implicações ecumênicas dessas descobertas. Então, ela convocou os ouvintes a ligarem, e logo as linhas ficaram congestionadas. As pessoas estavam furiosas. Como ousavam sugerir que as orações de não cristãos fossem respondidas? Deveria haver algo errado com os experimentos! Se as orações de não crentes são respondidas, a oração não é "real"; é Satã trabalhando disfarçadamente. A apresentadora desanimou; seu programa nunca tinha evocado uma reação tão ruim.

Eu me lembrei de um incidente que ocorreu quando um determinado grupo de pesquisa estava fazendo experimentos com orações. Sem eles saberem, um grupo religioso estava rezando com vigor para que os experimentos falhassem. Havia ironia em seus esforços. Se eles realmente acreditavam que as atividades de quem conduzia os experimentos eram blasfemas e ineficientes, por que acreditavam ser preciso sabotá-las? Era como se esses vigilantes da oração soubessem que tipos diferentes de oração *são* atendidos, e não quisessem que esse fato fosse comprovado cientificamente.

Os agnósticos podem rezar? Isso traz à baila a questão da oração necessitando de um deus pessoal. Os budistas, que rezam avidamente, pertencem a uma religião não ateia. Eles não relacionam suas orações a um deus pessoal, mas ao Universo. O budismo nos faz lembrar que ninguém precisa ter uma imagem de um deus pessoal para poder rezar.

Michael, um amigo meu, é um agnóstico que reza "para o caso" de alguém estar ouvindo. Ele me disse que quer cobrir todas as bases. Reza "a quem interessar possa". Ele é um dos milhares de agnósticos de nossa sociedade que rezam, um fato que tem sido confirmado pelas pesquisas que analisam os hábitos religiosos dos norte-americanos.

Muitos agnósticos, assim como Michael, são profundamente espiritualizados. Eles costumam ter um senso de ordem universal, de beleza e majestade que simplesmente não forma a imagem de um deus pessoal. Quando rezam, eles, às vezes, se sentem em união com "tudo que existe", uma experiência que pode ter grande impacto. Essa convicção de uma unidade está na essência das tradições místicas de todas as grandes religiões. Certamente, não queremos insistir que esses indivíduos com tendências místicas não estão rezando simplesmente porque suas crenças a respeito da natureza do Maior podem não combinar com as nossas.

Eu considero os "agnósticos místicos", como Michael, como buscadores sinceros da verdade que adentraram níveis profundos de compreensão sem as imagens religiosas que a maioria das pessoas julga ser consolidada. A estética espiritual é espartana e esporádica em comparação com o normal, e sua coragem costuma ser muito grande. Os agnósticos frequentemente rezam. Às vezes, de modo devotado. Podem nos ensinar muito sobre tolerância religiosa, se quisermos ouvir.

A maioria de nós sabe, no fundo, que é totalmente errado condenar outros seres humanos pelo modo como rezam. Somos pressionados por guerras religiosas nas quais adultos e crianças inocentes são torturados e mortos em nome de um único caminho da verdade. Por que é tão difícil honrar essa voz interior? Por que nos tornamos tão facilmente intolerantes com as "pessoas que não são como nós"?

Milhões de pessoas pelo mundo falam inglês, mas com sotaques maravilhosamente diferentes. Não podemos considerar a oração, com suas muitas inflexões, uma língua universal? Não podemos aproveitar nossas diferenças e comemorar nossa diversidade?

É um erro criticar a religião como a única fonte do fundamentalismo em nossa sociedade. As crenças fundamentalistas podem ser encontradas em qualquer área, incluindo a ciência. Sempre há cientistas que acreditam saber — com antecedência — como o universo deveria se comportar, sem experimentos. Os indivíduos dessa persuasão costumam estar dispostos a condenar a evidência da oração sem uma análise justa e até sem análise. Isso resultou em um fenômeno incrível, que nunca esperei ver: fanáticos religiosos e cientistas dogmáticos no mesmo lado do campo, aliados em uma causa comum.

Talvez haja uma maneira de os fundamentalistas religiosos de nossa cultura se pouparem e honrarem a evidência científica da oração ao mesmo tempo. E o *amor* e a *compaixão* que uma pessoa traz à oração são extremamente importantes. Os estudos científicos indicam que, se essas características não estiverem presentes, as orações terão pouco ou nenhum efeito. Como os cristãos acreditam que "Deus é amor", qualquer oração que seja feita com amor terá a presença de Deus. Os cristãos podem, então, manter a crença de que Deus está sempre presente na oração, mesmo nas orações de agnósticos ou não teístas, como os budistas.

A ciência mostra, assim, que a oração não pertence exclusivamente a nenhuma religião, mas a uma unidade de todas as religiões, classes e credos. A ciência universaliza e democratiza a oração. É uma afirmação de tolerância religiosa. Pessoalmente, acredito que esse é um dos maiores presentes dessas pesquisas.

A ORAÇÃO E A FALSA ESPERANÇA

Muitas pessoas acreditam que é errado dizer que a oração cura, uma vez que todos acabamos morrendo no fim. Diriam que é só falsa esperança.

A falsa esperança é um conceito controverso. Algumas pessoas acreditam que a esperança nunca pode ser falsa. Sempre existe a possibilidade de as coisas ficarem melhores do que o previsto e de que, se acreditarmos em um bom resultado, podemos virar as chances a nosso favor. Outras, incluindo muitos médicos, discordam. Diriam que sugerir a alguém com câncer de pâncreas que a oração pode resultar em uma cura é antiético. É enganoso e cruel sugerir um resultado positivo quando as estatísticas sugerem que ele é extremamente improvável.

Mas a esperança está sempre presente em qualquer situação médica. Ao administrar um medicamento contra o câncer em um caso "perdido" ou ao fazer uma cirurgia com poucas chances de sucesso, o médico está esperando ter um resultado positivo. Se não tivesse esperança, nunca agiria. Por que seria certo os médicos terem esperança em situações desesperadas, mas errado que os pacientes tivessem?

É fácil para eles ficarem presos nessa rede. Tudo bem torcer para que a cirurgia dê certo, ainda que as chances sejam pequenas, mas não é certo esperar um efeito positivo de uma oração. A confiança na oração se torna "falsa esperança", enquanto a confiança nos medicamentos e na cirurgia se torna "esperança verdadeira". Esse jogo não tem a ver com esperança, mas com crença, porque o médico está dizendo que acredita em medicamentos e em cirurgia, mas não em oração.

Mas em que essas crenças se fundamentam? Descobri que a maioria dos médicos contrários à esperança e à oração costuma ser mal-informada a respeito da evidência científica de que ela funciona. Eles acreditam, ao contrário dos dados, que a crença na oração é só uma questão de fé. Assim, não surpreende o fato de a oração ser amplamente menosprezada na medicina moderna, representando a falsa esperança.

Em qualquer situação, por que não podemos colocar nossa esperança e fé nos *dois* métodos? Não dizemos que os medicamentos e a cirurgia são antiéticos um ao outro, nem a cirurgia e a radiação. Por que comparar algum método com a oração? Contar com métodos ortodoxos *e* com a oração cobre mais bases do que usar um só. Como um paciente me escreveu de modo sucinto: "Escolher um programa de tratamento para o câncer, para mim, não foi difícil. A quimioterapia funciona. A oração funciona. Um não interfere no outro. Eu escolhi os dois."

Alguns médicos temem que a oração crie muita esperança falsa a ponto de fazer as pessoas abandonarem medicamentos importantes e a cirurgia. Sem dúvida, é possível encontrar casos esporádicos em que alguém tenha tentado enfrentar uma situação só com oração e tenha morrido por isso, mas a extensão desse problema provavelmente é exagerada de modo grosseiro. Devemos equilibrar esses casos com aqueles nos quais a oração está associada à cura ou nos quais ela age de modo sinérgico com métodos ortodoxos. Infelizmente, isso raramente é feito por quem desdenha a oração. Também precisamos reconhecer aqueles casos em que os indivíduos morrem quando a esperança se desfaz ou é sabotada por pessoas da área de saúde. Esses casos são numerosos. Mostram que a esperança pode manter a vida e que sua ausência pode matar.

Muitos críticos acreditam que a oração cria falsa esperança porque não funciona o tempo todo. Considero essa opinião muito estranha. Nenhuma terapia conhecida da medicina moderna é totalmente eficiente; todas têm um índice de falha. Além disso, ninguém consegue prever, com antecedência, se a terapia vai funcionar ou não; a pessoa testa para ver. A oração não é diferente dos medicamentos e da cirurgia nesse aspecto. Às vezes, a oração funciona, às vezes, não; não há como saber com antecedência. Mas, uma vez que estudos controlados têm mostrado que a oração estatisticamente tem um efeito positivo em trazer mais saúde em diversos organismos vivos, por que não usá-la? Por que enterrar a oração na cova da falsa esperança?

Há muito tempo, suspeito que muitos dos críticos que condenam a oração como falsa esperança não gostam dela por motivos pessoais que não se sentem à vontade para discutir ou dos quais não têm consciência. Talvez tenham tido experiências decepcionantes com a oração no começo da vida, o que é muito comum. Tais experiências costumam levar à antipatia em relação à religião de modo geral. Essas atitudes podem ser compreensíveis, mas não são atraentes a um médico voltado para a ciência. Ao decidir se a oração representa falsa esperança ou não, devemos pensar nos seguintes fatos:

- *A oração funciona.* Mais de 130 estudos controlados de laboratório mostram, em geral, que a oração ou um estado de oração parecido com a compaixão, a empatia e o amor podem trazer mudanças saudáveis em muitos tipos de seres vivos, desde seres humanos a bactérias. Isso não quer dizer que a oração *sempre* funcione, assim como os medicamentos e a cirurgia nem sempre funcionam, mas que, estatisticamente falando, a oração é eficiente.
- *A esperança cura.* A fé ajuda a mobilizar as defesas de algumas pessoas e ajuda na melhora, e o otimismo costuma levar a resultados melhores. Centenas de histórias de caso e estudos científicos confirmam essa observação. Como exemplo recente, o psiquiatra Thomas

Oxman e seus colegas na Faculdade de Medicina de Dartmouth investigaram o papel que "o sentimento e a atividade religiosos" podem desempenhar em 232 pacientes com mais de 55 anos submetidos à cirurgia cardíaca. O que descobriram: aqueles que obtêm pelo menos um pouco de força e conforto — esperança! — da religião têm mais chance de viver por mais tempo depois da cirurgia cardíaca do que aqueles que não.

- *Falta de esperança mata.* Vários estudos em seres humanos mostram que podemos morrer como resultado de crenças desesperadas e sentimento de inutilidade.

Existe um espectro de esperança. De um lado, a esperança *pode* ser falsa. Por exemplo, a sacarina, a previsão otimista de que o paciente que sofreu um ataque cardíaco terá alta amanhã ou que o paciente de câncer vai poder se esbaldar em uma festa. No outro lado do espectro, há previsões desanimadoras de problemas que não acompanham a situação real. Os médicos dizem que fazer previsões ruins sobre o futuro é "preparar o caixão". Nenhum extremo desse espectro é apropriado; os dois provavelmente são antiéticos. O melhor ponto para se estar é no meio.

Mas onde? Qual lado do espectro escolheremos enfatizar ao lidar com pessoas doentes? Ainda que tentemos ser neutros, a pessoa doente *percebe* a esperança ou a negatividade em nosso comportamento, em nossas palavras e no modo como agimos. Não há fórmulas a seguir. Cada pessoa, cada médico, ao lidar com a doença, precisa encontrar seu lugar no espectro da esperança.

Felizmente, "o problema da esperança" é mais um problema para os médicos do que para os pacientes. Como médico, já ouvi muitas reclamações sobre a "falsa esperança", mas todas vieram dos médicos, nenhuma de uma pessoa doente. Durante a doença, a maioria dos indivíduos consegue fazer uma avaliação correta de onde se encontram.

De certo modo, eles parecem saber o que está adiante, e não costumam ser levados pelo otimismo leve ou pela falsa esperança. Seu "detector de bobagens", uma frase que ouvi pela primeira vez da boca do psicólogo-teólogo Sam Keen, costuma funcionar bem.

Muitos parentes e amigos de pacientes doentes e em estado terminal já me perguntaram como eles deveriam se comportar ao visitar seu ente querido no hospital. Devem enfatizar a esperança? Devem ser animados? Quase sempre, as palavras não importam. O doente precisa de amor, não de conversa. Então, para quem se preocupa com a falsa esperança: não se preocupe. Se oferecer esperança é um problema para você, ofereça amor. Ninguém tem problemas com "falso amor". O amor, como a esperança, cura. É a base da oração. Se permitirmos que a esperança se misture ao amor, o "problema da falsa esperança" desaparecerá.

Rezar pelos outros sem permissão

Não sentimos que precisamos de permissão para *amar* outra pessoa. Não podemos *rezar* pelos outros sem sua permissão, se nossas orações forem motivadas por compaixão e amor?

Consideramos alguns tipos de comportamento humano irrepreensíveis: oferecer alimento e abrigo, salvar alguém do perigo, ajudar os doentes e moribundos. Oferecer oração amorosa também se encaixa nessa categoria.

Mas descobri que existem raros indivíduos que se opõem totalmente à oração. Uma pessoa assim, que conheço, é um homem extraordinariamente brilhante que valoriza a capacidade intelectual acima de tudo. Ele acredita que nossa tarefa mais nobre na vida é aplicar o poder da razão a problemas que nos confrontam e viver do modo mais corajoso possível. Ele despreza o que chama de "confortos falsos da religião". Além de estar convencido de que a oração é inútil, ele acredita se tratar de um pretexto, uma recusa em lidar de frente com nossos problemas. No fim, ele insiste, devemos nos salvar. Nenhum deus imaginário fará isso por nós. Quando descobriu que uma amiga estava rezando por ele, sentiu-se enfurecido e a confrontou com raiva. A oração, disse ele, é uma maneira condescendente e arrogante de impor suas opiniões a outro. Como sua amiga *ousava* presumir saber o que era melhor para ele? Ele mandou a amiga guardar as orações para si.

Existe uma ironia curiosa em protestos desse tipo. Se o homem acredita de fato que a oração não é eficiente, por que está preocupado com a possibilidade de ela atrapalhar sua vida? Irônico ou não, as preocupações daqueles que não querem receber orações trazem à tona a questão da permissão. Como devemos proceder nessa área delicada? Dois fatores influenciaram meu modo de pensar na questão do consentimento. Um, já mencionado, é o amor. O outro, a urgência.

Imagine que você está passando férias com sua família no Grand Canyon. Está de pé, na beirada, impressionado pela grandeza majestosa das vistas infinitas. De repente, percebe que seu melhor amigo passou por baixo de uma cerca de proteção e está descendo depressa em direção a um precipício de seiscentos metros de altura. Nessa situação, você agiria o mais depressa possível para tirá-lo do perigo, e nunca pararia para pedir permissão.

Muitas situações que envolvem a oração são igualmente urgentes — o ente querido que acabou de se envolver em um acidente de carro, o cônjuge que está tendo um ataque do coração. Rezar pelos outros nesses casos é uma atitude imediata, reflexiva. Rezamos sem pensar e não nos importamos em pedir permissão. Mas a maioria das situações nas quais a oração se faz necessária não é urgente: o amigo diagnosticado com câncer, uma guerra demorada, a pobreza em nossas cidades. Se a situação for longa, a ética da oração é diferente?

Em casos ambíguos nos quais simplesmente não sabemos o modo certo de agir, descobri a injunção budista "tenha bom coração!", para ajudar. Ter bom coração significa se importar profundamente sem segundas intenções. Quando rezamos, estamos expressando amor verdadeiro, ou estamos tentando nos impor sobre outra pessoa? Estamos agindo por compaixão ou usando a oração como uma maneira sutil de controlar o outro? Nossa empatia é autêntica ou estamos infligindo nossas preferências mesquinhas em alguém, mas disfarçadas de oração?

Alguns de nós não pensamos muito nas questões de consentimento quando rezamos porque suspeitamos que a oração pode não funcionar a princípio. Se ela é ineficiente, o consentimento não importa. Mas e se for *mais* eficiente do que pensamos? Quanto mais nos convencermos de que a oração funciona, mais importantes serão as questões éticas.

As questões éticas de rezar pelos outros podem se tornar importantes legalmente. Se um policial quiser vasculhar sua casa, ele precisa de um mandado de busca. Se quiser rezar por mim, precisa de uma permissão assinada? Se não tiver uma permissão, estará invadindo minha privacidade? Não é difícil imaginar futuros processos com base em questões de direito à privacidade.

Complicando essa área está a evidência considerável de que podemos retardar processos biológicos em organismos vivos e também ajudar a estimulá-los, a distância, sem a conscientização de quem a recebe. Isso quer dizer que a oração, como qualquer medicamento ou procedimento cirúrgico, tem possíveis efeitos colaterais. Atualmente, os cirurgiões têm que assinar uma permissão detalhando todos os possíveis riscos antes de fazer qualquer procedimento cirúrgico. Se a oração tem efeitos colaterais, quem reza deveria receber permissão de quem recebe a oração antes de interceder?

Ficará cada vez mais difícil ignorar as possíveis ramificações legais da oração. Isso quer dizer uma fonte de trabalho para advogados? Uma nova área — a lei da oração — vai se desenvolver dentro da profissão? Aqueles que acreditam no poder da oração podem começar a rezar *agora* para que não haja a invasão de advogados em mais um nicho de nossa vida.

O dr. Anthony Rippo, funcionário e fundador do Santa Fe Institute of Medicine and Prayer, leva a permissão para rezar a sério. Ele considera a evidência científica da oração convincente. Antes de rezar por seus pacientes, faz uma afirmação, por escrito, de sua vontade de fazer isso, mas acrescenta que vai rezar por eles apenas se não se opuserem. Se um paciente recusar sua oferta, o dr. Rippo retira o nome desse paciente de sua lista de oração. Esse sistema funciona muito bem. Quase todos os pacientes do dr. Rippo são cada vez mais gratos por ele rezar por eles, e é raro que algum deles recuse essas orações.

A questão da oração e da permissão exige uma análise cuidadosa no território sensível e complexo, como mostra o seguinte caso:

Há vários anos, o marido de minha amiga, Stephen, se envolveu em um acidente de carro quase fatal e sofreu ferimentos graves. Imediatamente, demos início a correntes de oração em nossa igreja e também em outras igrejas. Seus cirurgiões se surpreenderam por ele ter sobrevivido às operações que salvaram sua vida, e disseram que sua reação tinha sido um milagre. Enquanto a recuperação do homem continuava, nossas orações também continuaram. Mas, apesar de ele ter sido um homem de negócios de sucesso, um pai e líder de comunidade excelente, as coisas não eram mais as mesmas. Ele parecia ter perdido a vitalidade e a alegria de viver. Tornou-se apático, como se não se importasse. Passou a ser muito crítico, mal-humorado e difícil de tolerar. Foi uma mudança total de como ele era antes. Tornou-se indiferente a sua esposa e seus filhos. Nada parecia estar certo.

Dez anos depois, ele morreu de causas naturais. Quando isso aconteceu, eu havia desenvolvido o hábito de me sentar em meditação por vinte minutos toda manhã. Vários dias depois da morte de Stephen, me surpreendi com sua presença na meditação. Ele estava na minha frente rindo — com seu antigo comportamento feliz —, e disse: "Finalmente venci todos vocês." E então ele se foi.

Enquanto eu pensava nisso, cheguei a uma conclusão. Stephen não queria viver ou talvez não tivesse que viver. Mas o poder de todas as orações por sua recuperação o havia trazido de volta.

> O acidente de Stephen e nossas orações por sua vida aconteceram muito antes de a maioria de nós ter ciência a respeito do poder do pensamento e da importância de nossas escolhas. Depois daquela experiência de meditação, me tornei muito mais consciente das imagens que mantinha e das palavras que escolhia na oração intercessora.

Há um tipo de oração que evita a maior parte dos problemas de consentimento. Se simplesmente rezássemos "seja feita a vossa vontade", "que o melhor prevaleça" ou "que o bem maior venha", não estaríamos infligindo nossos desejos pessoais no outro. Estamos invocando uma sabedoria maior do que a nossa sem dizer ao mundo o que fazer. Essa forma de oração tem sido chamada de estratégia da oração *não direcionada,* em contraste com o método *dirigido,* no qual quem reza pede um resultado específico. Experimentos comparando essas estratégias diferentes de oração mostram que os *dois* funcionam. Uma pessoa *consegue* fazer uma diferença por meio da oração sem ditar o resultado. Orações do tipo "seja feita a vossa vontade" feitas com amor são uma das melhores abordagens para rezar sem consentimento.

Usar fundos públicos para pesquisas sobre a oração

Percebo que usar fundos públicos para a pesquisa da oração é controverso, mas não tão controverso quanto pode parecer. Mais de 90% das pessoas rezam, e a grande maioria parece ser a favor do financiamento de uma pesquisa sobre a oração. A maioria diz: "É uma maneira incrível de usar o dinheiro dos impostos, em comparação a como as taxas são usadas normalmente." Sinto que as pessoas deveriam se informar a respeito dessa discussão, que certamente vai atrair muita atenção no futuro.

Em 1992, o congresso norte-americano criou o Escritório de Medicina Alternativa dentro do National Institutes of Health. A missão do escritório inclui avaliar terapias não ortodoxas promissoras, e ela se concentra em três perguntas: Essas terapias funcionam? Elas têm efeitos laterais? Elas têm bom custo-benefício? O Escritório de Medicina Alternativa não faz a pesquisa original; ele avalia e financia estudos propostos por pesquisadores de fora. Para o financiamento ser considerado, uma proposta deve ter mérito científico.

Um estudo desse tipo foi proposto por Scott Walker, mestre do curso de medicina da Universidade do Novo México, em Albuquerque. O dr. Walker criou um estudo avaliando o efeito da oração distante e intercessora em um programa de reabilitação de drogados e alcoólatras. Foi um estudo duplo-cego no qual nem a equipe de cuidados com a saúde nem os participantes do programa sabiam quem estava e quem não estava recebendo a oração. Faria diferença? Aqueles que estavam recebendo oração se sairiam melhor do que aqueles tratados de modo convencional? Enquanto escrevia este livro, os resultados desse exame ainda não tinham sido publicados.

Em 1994, quando o Escritório de Medicina Alternativa lançou uma lista dos estudos que tinha financiado, a atenção da imprensa estava concentrada no estudo da oração da Universidade do Novo México. A maioria das redes de televisão norte-americanas pediu permissão do dr. Walker para mandar equipes de gravação a Albuquerque para "filmar a oração em ação". Para seu crédito, o dr. Walker, como um bom cientista, os dispensou. Ele disse apenas: "Deixem-me fazer o estudo primeiro; voltem depois."

Quando as notícias sobre o estudo se espalharam, a crítica surgiu. Uma das objeções mais veementes veio da Fundação Freedom From Religion, em Madison, Wisconsin. Essa organização escreveu uma carta à secretária Donna Shalala, do Departamento de Saúde e Serviços Humanos, denunciando o fato de que os dólares dos impostos federais estavam sendo gastos para avaliar a oração, e exigia que isso nunca voltasse a acontecer. Foi uma violação, disseram eles, da separação constitucional da igreja e do Estado. A secretária Shalala e seu departamento não deram resposta formal. Mas o incidente foi relatado por um grande jornal e foi manchete em publicações de todo o mundo. Annie L. Gaylor, porta-voz da fundação, disse: "Se eu soubesse que meu médico estava rezando por mim, procuraria outro médico. Eu preferiria acreditar na medicina", dizendo que os médicos não conseguem acreditar nos dois e que os agnósticos são os melhores médicos. Gaylor negou que qualquer evidência comprovando os efeitos da oração existisse, aparentemente sem notar o amplo corpo de descobertas experimentais nessa área.

O dr. Walker e seus colegas na escola de medicina reagiram dizendo que não estavam promovendo a oração nem a religião. Se alguma técnica ou terapia afeta a saúde humana, segundo eles, a ciência médica deve estudá-los. Disseram que os fundos federais há muito têm sido usados para estudar os efeitos que promovem a saúde de práticas religiosas em geral, incluindo a oração. Eles estavam investigando uma terapia que havia aparecido prometendo outros estudos. Seu experimento não foi novo.

A discussão do financiamento público de pesquisas sobre os efeitos da oração na saúde continua. De modo geral, os críticos parecem estar mal-informados sobre os dados que se acumularam nessa área ao longo das décadas, que fortemente sugerem que a oração é boa para a saúde. Alianças desconhecidas têm se formado entre aqueles que estudam a oração cientificamente. Aqueles que são contra o financiamento de estudos de oração com base constitucional se uniram a grupos religiosos que acreditam ser uma heresia "testar Deus" no laboratório. Nisso, há alguns cientistas que duvidam da oração e que acreditam, em princípio, que ela não deveria ser estudada. Para unir grupos tão divergentes, a oração deve ser muito poderosa, mesmo!

Esse tipo de oposição não é novidade. Quando Benjamin Franklin inventou o para-raios nos Estados Unidos da época colonial, os fanáticos religiosos se opuseram veementemente. Era errado, segundo eles, afastar os raios das casas dos pecadores, às quais Deus os havia dirigido como forma de castigo. Assim, o para-raios era blasfemo; eles iam contra a vontade do Todo-poderoso. Os cidadãos que não aceitavam não foram convencidos pelo fato óbvio de que o para-raios também podia ser usado para proteger as casas dos justos, inclusive as deles.

Quando a evidência científica a respeito dos efeitos da oração na saúde se tornar mais conhecida, a resistência diminuirá. Enquanto esse debate continua, os cientistas sérios continuam a estudar os efeitos da oração em silêncio, longe do olhar do público. Ao fazerem isso, aqueles que se opõem a esses desenvolvimentos não precisam se preocupar demais; quase todos os estudos serão financiados particularmente, e não pelo dinheiro público. E quando os dados forem registrados, veremos, tendo os estudos passados como guia, que a oração funciona — e, assim como o para-raios, pode ser usada a favor de quem acredita e também de quem não acredita, da mesma maneira.

Negligência médica e o fracasso no uso da oração

Em maio de 1995, o *Journal of the American Medical Association* publicou um artigo intitulado "Should Physicians Prescribe Prayer for Health?" ["Os médicos deveriam prescrever a oração como tratamento?"]. Esse artigo descrevia a evidência cada vez mais forte de que a prática religiosa, incluindo a oração, está correlacionada com a melhora da saúde física. O surgimento dessa informação no *JAMA* é profético; indica que mais médicos do que nunca estão confrontando perguntas a respeito da oração em sua prática médica. Perguntas profundas estão sendo levantadas por esses desenvolvimentos. Se a evidência a favor da oração for válida, como muitos especialistas acreditam, os médicos estão certos em ignorá-la? Se a oração funciona, como nós, médicos, podemos justificar o fato de não informarmos nossos pacientes de que a oração pode ajudar?

Enfrentei esse dilema em minha prática da medicina interna. Depois de encontrar estudos científicos apoiando a oração, eu fui ficando cada vez mais impressionado com essa informação. Perguntei a mim mesmo: "Deveria estar usando a oração em favor de meus pacientes?" Decidi que *não* fazer isso era o equivalente a não administrar uma medicação ou procedimento cirúrgico necessário, e comecei a rezar para meus pacientes todos os dias. Chegaremos a um ponto em que os médicos que ignoram a oração serão acusados de negligência? A negligência não tem sentido nenhum. É legalmente definida de acordo com os padrões dos cuidados médicos que prevalecem em uma determinada comunidade. Como os padrões variam, a negligência é um conceito em transformação e difere de um lugar para outro.

E se a maioria dos médicos em uma determinada área se convencer de que a oração é eficiente e começar a recomendá-la aos seus pacientes? Isso significaria que seus colegas que não seguem esse novo padrão da comunidade são negligentes? Talvez não, porque a tendência é ver a oração como uma intervenção religiosa, não médica. Mas essa visão pode mudar, como a evidência científica que apoia que os benefícios físicos devam se tornar mais conhecidos.

A oração *é* uma questão médica e científica. Hoje, mais de 130 estudos científicos controlados que investigam os efeitos da oração intercessora têm sido feitos, e mais da metade deles mostra evidência estatística de que a oração tem um efeito significativo. Além disso, mais de 250 estudos mostram que, em média, a prática médica que inclui a oração promove a saúde. Um número cada vez maior de médicos está aprendendo a respeito desses dados por meio de artigos como os do *Journal of the American Medical Association*, mencionado anteriormente, e por meio de vários livros. Conferências importantes estão ocorrendo, como o simpósio "Espiritualidade e Cura na Medicina", na faculdade de medicina de Harvard, em dezembro de

1995, organizado pelo dr. Herbert Benson, pesquisador pioneiro da oração.

Conforme cada vez mais conferências e trabalhos científicos enfatizam as descobertas mais recentes nessa área, o padrão dos cuidados médicos em nossa sociedade pode ser remodelado para incluir a oração como uma intervenção válida cientificamente e verdadeira. O que acontece quando a recomendação para a oração se torna a norma? Os médicos que não a recomendam serão acusados de não satisfazer o padrão?

Assim como com a maioria das terapias, a *referência* também pode ser um componente-chave no modo como a oração é usada. Como médico, não esperam que eu faça uma cirurgia cerebral em meus pacientes, mas esperam que eu os indique um neurocirurgião qualificado. É a mesma coisa com a oração. Um médico pode escolher não rezar por seus pacientes. Mas, se o uso da oração é padrão na comunidade médica, o médico pode indicar aos pacientes fontes de oração, como ministros, padres, capelas de hospital e grupos de oração comunitários. Ao fazer isso, ele cumpre a obrigação em relação ao padrão dos cuidados de sua comunidade.

Quando levamos a oração a sério na prática médica, outras questões legais podem surgir. Os médicos deveriam rezar por seus pacientes sem o seu consentimento? A oração não solicitada é uma invasão de privacidade (ver capítulo "Rezar pelos outros sem a permissão deles")? Como podemos impedir que os médicos zelosos infligam suas crenças religiosas particulares em seus pacientes e os evangelizem com a desculpa da oração?

Existe outro lado para a questão da negligência e a oração — não o fracasso em usá-la, mas a decisão de aplicá-la. Em um artigo no *Wall Street Journal* a respeito dos testes científicos sobre a oração, Richard J. Goss, professor emérito de biologia na universidade Brown, diz: "Se meu médico rezasse pela minha recuperação, eu consideraria processá-lo por negligência médica." Poderia ser difícil vencer um caso assim. Como vimos, a negligência é definida de acordo com o padrão de cuidado médico em determinada comunidade. Se aproximadamente metade dos médicos norte-americanos rezasse por seus pacientes, como foi mostrado em uma pesquisa recente do National Institute of Healthcare Research, parece haver pouca base para processar um médico porque ele rezou por um paciente. Se a oração fosse o comum entre os médicos, não pareceria ser uma má conduta.

Seria comum que os pacientes se sentissem incomodados ao saber que seu médico reza por eles? Provavelmente não seria muito frequente. Em uma pesquisa, mais de 75% dos pacientes acreditavam que seu médico deveria abordar questões espirituais como parte dos cuidados médicos. Cerca de 40% queriam que seus médicos discutissem a religião de modo ativo com eles. Quase metade dos pacientes hospitalizados queria que seus médicos rezassem não apenas *por* eles, mas *com* eles.

Apesar dessas tendências, alguns médicos preferem não se envolver com a oração, escolhendo não indicar seus pacientes a rezar nem a aceitar a oração de ninguém. Talvez os pacientes que partilham dessa visão se sintam atraídos a tais médicos. As práticas médicas sem oração surgirão no futuro?

Enquanto o debate a respeito do lugar da oração na medicina continua, vamos manter em mente que nada pode *fazer* com que médicos gostem de rezar. A oração que é exigida, obrigatória e forçada não tem o amor genuíno e a empatia, que são sua força. Se um médico quiser rezar por um paciente, sorte desse paciente, mas todos os advogados e os códigos de negligência médica na Terra não conseguem criar um local para a oração enfática no coração de um médico se lá ela já não estiver presente.

Não é uma legitimação mais ampla da medicina, mas sim uma sacralização do que mais precisamos.

Você gostaria de ter um médico que reza?

Certa vez, precisei de uma cirurgia para corrigir uma hérnia de disco nas costas que havia me deixado incapacitado e que causava fortes dores. Quando medidas mais simples não funcionam, escolho a cirurgia. Ao escolher meu cirurgião, analisei vários fatores. Meu principal critério foi a habilidade e a experiência técnicas do cirurgião, não suas crenças religiosas particulares. Eu estava mais preocupado em saber se ele era membro certificado do corpo de neurocirurgia do que em saber se ele rezava. "Você cuida do bisturi; eu cuido da oração", pensei. Não é preciso que a oração se origine da pessoa que usa o estetoscópio. Podemos rezar no lugar do médico, e podemos recrutar pessoas — parentes, amigos, ministros, padres — para fazer a mesma coisa.

Uma pesquisa recente do dr. David B. Larson e de seus colegas no National Institute for Healthcare Research, em Rockville, Maryland, descobriu que 43% dos médicos norte-americanos rezam por seus pacientes. Como você pode saber que seu médico não é um deles? Muitos médicos rezam em silêncio e na solidão. Parece que eles levam as instruções de Jesus de literalmente "entrar no armário" ao rezar, e acreditam que essas orações são tão eficientes quanto aquelas proferidas à beira da cama.

A oração está voltando à medicina e, assim, será mais fácil encontrar médicos que sejam especialistas e que também acreditem na oração. Até então, como devemos proceder? Se você puder encontrar um médico que seja tecnicamente capacitado e que também reze por seus pacientes, melhor será. Mas, se tiver que escolher entre um médico que reza cujas habilidades profissionais são questionáveis ou um médico que não reza que é incrível tecnicamente, meu conselho é escolher o médico talentoso — e você deve se encarregar de rezar. Se tiver um tumor cerebral e só houver um cirurgião por perto, provavelmente não é boa ideia descartá-lo apenas por que ele não reza.

Quando precisamos de cuidados médicos, a maioria de nós quer que nosso médico tenha a mesma visão religiosa que a nossa. Mas precisamos ter o cuidado de não fazer muitas exigências religiosas aos médicos que nos atendem. Devemos nos lembrar de que grandes curadores já existiram em culturas que adoravam deuses diferentes dos nossos. Entre eles, havia lendário grego Hipócrates, o pai da medicina ocidental, e o grande médico persa Avicena. Claramente, é possível que um profissional seja um médico muito bom e não reze a um deus específico — ou que talvez não reze em nenhum momento. Conheço médicos agnósticos e ateus que são extremamente capacitados, que defendem seus pacientes profundamente, e que são amados por aqueles a quem atendem. Também conheço médicos que rezam o tempo todo e não são tolerados pelos pacientes. Assim como as habilidades de cura não se limitam aos médicos que se formam em uma determinada escola de medicina, elas não são apenas daqueles que seguem uma determinada religião ou daqueles que rezam.

Como paciente, eu preferiria ter um médico que reza, isto é, um pouco de tudo. Mas, como raramente temos um pouco de tudo, preferiria um cirurgião altamente habilidoso e ateu a um que sempre vai à igreja, mas tem a mão pesada na sala de cirurgia.

Se só a oração criasse bons médicos, poderíamos fechar os cursos de medicina amanhã. Algo me diz que devemos mantê-los abertos.

Parte três

O QUE É A ORAÇÃO?

O UNIVERSO É ORAÇÃO

Ninguém sabe onde nem quando a oração começou. Quase dois mil anos atrás, Plutarco, o biógrafo e historiador grego, percebeu esse fato. Ele disse: "Se atravessarmos o mundo, é possível encontrar cidades sem muros, sem letras, sem riqueza, sem moeda, sem escolas nem teatros; mas uma cidade sem um templo, ou sem práticas de adoração, orações e coisas assim, ninguém nunca viu."

Os cientistas frequentemente tentam explicar as origens da oração aplicando os conceitos da biologia evolucionária. De acordo com a teoria evolucionária, os traços e comportamentos que ajudam um organismo a sobreviver e a se reproduzir são perpetuados ao longo do tempo. Em longo prazo, a boa visão, a velocidade e a coordenação muscular perdem para a visão ruim, a lentidão e a falta de jeito. O fato de que a oração sobreviveu ao longo da evolução sugere que ela, também, pode ter beneficiado quem reza; caso contrário, provavelmente já teria sido abandonada muito tempo atrás. Qual foi a vantagem que a oração ofereceu?

Os seres humanos, segundo se especula, sentiram vontade de rezar quando se viram em um ambiente hostil em que a fome e a morte eram fatos comuns da vida. Precisando de ajuda, eles começaram a olhar além de si mesmos para espíritos imaginários e deuses criados por suas mentes. A oração, então, tem origem no medo e no desespero. Os céticos dizem que rezamos hoje em dia pelas mesmas razões, basicamente. Independentemente de rezarmos para obter uma cura ou o prêmio da loteria, ainda estamos procurando ajuda fora de nós mesmos, como fizeram nossos ancestrais.

Mas, se a oração é apenas fantasia e ilusão, por que ela ainda está conosco? Por que simplesmente não morreu ao longo da marcha da evolução? Não há problema para o evolucionista. Quando uma pessoa reza e se convence de que a ajuda está a caminho, tem a chance de tentar com mais afinco alcançar o resultado desejado. Fantasia ou não, a oração aumenta nossos esforços e nos incentiva a fazer as coisas acontecerem. Aqueles que rezam, então, têm participação no jogo de altos padrões da sobrevivência. E, como qualquer comportamento que confere tal vantagem costuma ser perpetuado, a oração ainda existe.

Por mais clara que essa noção pareça, as teorias da biologia evolucionária encontram problemas. Os biólogos não têm explicação para os efeitos *distantes* ou *não locais* da oração. Eles sabem com antecedência que esses fenômenos *não podem* acontecer, porque a mente não consegue escapar do confinamento do cérebro e do corpo. O problema é que esses acontecimentos *existem*. Quando aplicada em experimentos em laboratórios modernos, a oração funciona a distância.

Mas os biólogos vão direto ao ponto. A oração *dá* a quem reza uma vantagem. Mas a vantagem não é encontrada apenas “se esforçando” para fazer os desejos de alguém se tornarem verdade, apesar de isso poder acontecer até certo ponto. A oração aumenta o alcance da consciência humana. É uma maneira de transcendermos nossas limitações físicas, e não ficarmos em um determinado ponto apenas, como os deuses.

A capacidade que a consciência tem de agir não localmente, a distância, como uma oração distante, quase certamente não se originou em seres humanos. Animais e pássaros sabem usar a distância. Por exemplo, existem registros cuidadosamente documentados nos quais animais perdidos encontraram seus donos a centenas ou milhares de quilômetros, seguindo em direção a destinos precisos aos quais nunca tinham ido antes. Esses casos não são explicáveis pelas teorias "comuns", e as hipóteses envolvem direcionamento solar ou estelar, ou por cristais magneticamente sensíveis no cérebro. A capacidade de modos não precisos de saber dessas criaturas também pode ser um tipo de oração, uma capacidade que os seres humanos também usam quando se envolvem em uma oração intercessora ou distante.

As raízes da oração se estendem ainda mais profundamente na natureza do que os seres humanos, animais e pássaros? Poderia se estender a matéria em si? A evidência experimental mais profunda dentro de toda a ciência para a existência de acontecimentos não locais está no domínio subatômico. Se pegarmos dois elétrons que já estiveram em contato e os separarmos um do outro, uma mudança em um provocará uma mudança imediata no outro. A distância não importa; eles poderiam estar em pontos opostos do universo. Os elétrons não "conversam" um com o outro, porque as mudanças são instantâneas, o que quer dizer que não há tempo para um sinal de nenhum tipo ser transmitido entre eles. Assim, as partículas distantes se comportam como se fossem uma, de certo modo, unidas como um todo. Esse pode ser o tipo mais básico de "alcance" já identificado — tornando-se intimamente ligado, a ponto de duas entidades combinarem totalmente uma com a outra, por mais distantes que estejam.

O alcance externo de partículas subatômicas é uma forma de oração? Se for, então o universo todo é a oração.

Existe um velho ditado que diz: "Se quiser esconder o tesouro, coloque-o à vista." Se o alcance externo e não local de partículas subatômicas é um tipo de oração, então a oração está em todos os lugares e dentro de nós. Somos banhados por ela, com os átomos e os elementos que constituem nossos corpos. Comemos, bebemos e respiramos a oração. Ela não é só algo que fazemos, é algo que *somos*.

Podemos abrir nossos olhos para o tesouro?

A ORAÇÃO É UMA ATITUDE DO CORAÇÃO

Uma de minhas melhores amigas, Anne, tem cinco anos. Seus pais são muito religiosos e a levam à igreja com frequência. Assim, ela é especialista em oração, e se tornou uma de minhas informantes preferidas a respeito de questões espirituais. Às vezes, ela me ensina mais do que eu esperava.

Durante uma de nossas conversas, ela levantou uma questão profunda: "Larry, por que a oração é tão *barulhenta*?"

A pergunta de Anne me levou de volta ao início. O que é a oração e por que normalmente acreditamos que ela está relacionada à conversa? A "visão falante" da oração costuma começar na infância com agradecimentos antes das refeições e com um "Com Deus eu me deito" na hora de dormir. Quando nos tornamos adultos, a oração se torna barulhenta. Ao longo dos anos, nosso conceito de oração incorpora não só a ideia de que ela envolve palavras, mas muitas outras características também. Ela costuma se tornar algo assim:

> A oração está falando alto ou silenciosamente a uma figura paterna branca, cósmica, do sexo masculino que prefere ser abordada com palavras.

Há problemas assustadores nesse conceito de oração, apesar de a maioria das pessoas em nossa sociedade considerá-lo. Por um lado, Jesus e os fundadores do cristianismo não falavam a nossa língua. Tampouco os fundadores de outras grandes religiões eram fluentes em nosso idioma. E o gênero? Muitas pessoas que rezam não se dirigem a uma imagem masculina, mas, sim, a uma Deusa. Não seria melhor que, ao rezarmos, atribuíssemos características mais humanas ao Todo-poderoso — pensar, por exemplo, que o Divino está "ouvindo"? Milhões rejeitam qualquer forma de um deus pessoal a quem as orações poderiam ser dirigidas. Um exemplo é o budismo, que não é uma religião teísta. Os budistas não rezam para uma divindade pessoal, mas ao Universo. E o fazem incessantemente, adaptando seus mecanismos de oração ao longo do caminho. A oração budista é falsa? Os budistas realmente "rezam"? Apesar de muitos fundamentalistas insistirem que a oração não cristã não é autêntica, seria um choque para os budistas dizer que sua oração é errada. E por que limitamos a raça em nosso conceito de oração? A maioria das pessoas na Terra que reza não é branca, e presumidamente não vê o Todo-poderoso como caucasiano. Para milhões, a imagem altamente personalizada e antropomórfica do Todo-poderoso é simplória. Eles podem ser levados a pensar que existe um sentido de ordem universal, glória e beleza ou um sentido cósmico de sacralidade e glória.

Voltemos à pergunta de Anne. A oração é uma forma de conversar? Deve envolver palavras? Uma mulher escreveu para mim: "Sinto um desejo profundo de rezar, mas não consigo usar palavras. Elas parecem desnecessárias e tolas." Oscar Wilde tinha dúvidas parecidas a respeito das palavras. Certa vez, ele escreveu: "Não converso com Deus para não entediá-lo."

Em sua forma mais simples, a *oração é um ato do coração* — uma questão de *ser*, não de fazer. É o desejo de entrar em contato com o Absoluto, independentemente de como ele seja concebido. Quando sentimos a necessidade de estabelecer essa conexão, estamos rezando, mesmo que não estejamos usando palavras.

Isso não quer dizer que as palavras sejam erradas. As pessoas costumam ter vontade de expressar verbalmente sua relação com Deus, com a Deusa, com o Divino, com o Universo, com o Absoluto de algum modo — erguer a voz com palavras ou uma canção. Se precisamos usar palavras, tudo bem. Mas a essência da oração não é algo que você diz na manhã de domingo, antes das refeições, ou na hora de dormir. A essência da oração vai além de todos os "Pai-Nossos" e "Ave-Marias".

Anne abordou algo importante: a oração não precisa ser barulhenta. Como uma atitude do coração, ela pode ser invisível, silenciosa, parada. Como Thomas Merton, o escritor e monge católico, disse: "Eu rezo respirando."

Seguindo o exemplo de Anne, podemos expandir a definição de oração: a oração é a comunicação com o Absoluto.

A definição é deliberadamente ampla. Permite que as pessoas definam a *comunicação* como julgarem melhor. Também as convida a imaginar o Absoluto a seu próprio modo — incluindo a ideia de que o Absoluto é transcendente e imanente, tanto "lá fora" quanto "aqui dentro".

Na oração, as pessoas podem preencher as lacunas como quiserem.

A ORAÇÃO É O QUE PRECISA SER

Um cirurgião que era diretor de seu departamento em um grande centro médico me disse: "Durante grande parte da minha vida, não acreditei na oração. Senti que a havia deixado para trás quando fui para a faculdade cursar medicina, mas percebo que estava enganado. Tenho rezado por meus pacientes o tempo todo, sempre que faço uma cirurgia."

Ele passou a descrever sua maneira de rezar. Para ele, a oração envolve um sentimento real de compaixão e empatia, que ele estende aos seus pacientes antes de entrar na sala de cirurgia. Esses sentimentos criam uma sensação de unidade na qual ele se sente próximo não apenas de seus pacientes, mas também de todos os outros membros da equipe médica. Nesse pano de fundo, ele é tomado por um senso de sentido e propósito, e sabe que a cirurgia será mais do que um exercício de técnica.

— Por que você sentiu que havia desistido da oração e não rezava mais? — perguntei.

— Cresci associando a oração às palavras e ao falar — disse ele. — As orações eram algo que se dizia, principalmente, com o propósito de se conseguir algo. Era um exercício verbal de egoísmo, muito desanimador, e eu não queria ter nada a ver com isso.

Ele prosseguiu descrevendo como suas ideias a respeito da oração tinham mudado.

— Durante a cirurgia, eu me sinto totalmente envolvido no que está acontecendo. Quanto mais difícil a cirurgia, mais intensa é a sensação. Às vezes, tenho a sensação de que o bisturi, o paciente e eu estamos totalmente conectados. Isso costuma ser associado a uma sensação de reverência. Não consigo descrever isso; está além das palavras. Para mim, essa experiência toda é a oração; não algo que faço ou digo, mas algo que *sinto*.

O cirurgião foi certeiro. A oração normalmente vai além das palavras. Mas a oração verbal nem sempre é inapropriada. Se formos levados a rezar, podemos gritar orações do topo de montanhas; podemos adornar essas palavras com música para formar hinos, se for o que quisermos. A linguagem é um enorme dom, então por que não usá-la na oração?

Nem todos nós possuímos destreza com as palavras. Deveríamos nos sentir gratos por isso; a vida seria insuportável em uma sociedade onde todo mundo fosse orador. Assim, é natural que os seres humanos se expressem de modos diferentes ao rezar — alguns dependem mais, outros dependem menos da linguagem.

A oração é composta por palavras? Silêncio? A oração é o que precisa ser. Quando sai de nós, devemos permitir que ela siga seu curso ou canal mais natural. Problemas surgem quando erguemos muros e barreiras, quando insistimos, por exemplo, que ela deve ser sempre verbal, silenciosa, cheia de palavras, musical, ritualística, brincalhona ou séria. Quando a deixamos entrar, deixamos as pessoas saírem — pessoas que, como meu colega cirurgião, sentiam que não estavam rezando porque sua maneira de rezar não se encaixava no padrão religioso.

Uma oração para a oração

Que a oração possa existir.
Que nós a deixemos seguir os padrões infinitos do coração humano.
Que possamos aprender a praticar a arte mais difícil,
a arte da não interferência.
Que sejamos guiados pela oração
em vez de tentar guiá-la.
Que permitamos que ela seja o que precisa ser,
seja o que for.
Que deixemos a oração existir.

A DIFERENÇA ENTRE RELIGIÃO E ORAÇÃO

É possível rezar sem ser religioso, e uma pessoa pode ser religiosa e não rezar.

A oração e a religião costumam ser confundidas, porque em todas as culturas elas estão entrelaçadas com rituais e cerimônias formais. Mas, em sua essência, a oração não exige a existência de catedrais, igrejas, padres ou ministros. Ela é e sempre foi uma questão do coração — a tentativa de uma pessoa se comunicar com o Absoluto.

Mas a religião pode fortalecer a oração, e a necessidade por rituais e cerimônias, como a necessidade de rezar, está profundamente arraigada na natureza humana. Talvez seja por isso, como diz o monge beneditino irmão David Steindl-Rast, que as pessoas sejam atraídas à religião "inevitavelmente". Para a maioria delas, a afiliação religiosa é um complemento à oração, existindo naturalmente com ela.

Mas existem fundamentalistas em todas as religiões que acreditam que uma pessoa não pode se envolver na "oração verdadeira" sem ser membro de uma determinada religião. Isso pode ser facilmente contestado. Como já vimos, a oração pode ser testada no laboratório sob fortes condições experimentais para ver se funciona ou não. Quando as orações de indivíduos de diversas religiões são testadas, é claro que as de muitas religiões funcionam. Na verdade, *não existe correlação no laboratório entre as crenças religiosas particulares de uma pessoa e o resultado ou eficiência da oração.*

Um fator essencial na eficácia da oração parece ser o amor, não a religião que a acompanha. Como percebemos, isso oferece uma maneira para que os cristãos que acreditam no "único Deus verdadeiro" aceitem o fato de que as orações de muitas religiões funcionam. Eles acreditam que Deus é amor. Se o amor é essencial para que os experimentos com a oração funcionem bem, Deus não deve estar presente em todos eles? Além disso, os cristãos conseguem enxergar a presença de Deus em todas as preces, não apenas na sua. Isso permitiria que eles afirmassem sua própria tradição ao mesmo tempo em que evitam condenar as orações dos outros.

O CORPO NÃO DIFERENCIA A ORAÇÃO E A MEDITAÇÃO

A oração e a meditação vêm do coração, e há mais semelhanças do que diferenças entre eles. Compare, por exemplo, a prática de repetir o nome de Jesus ou de Maria durante a oração cristã com o costume de repetir um mantra, uma palavra com sentido especial, em certas formas de oração budista. Durante ambas as práticas, uma delas é tomada por uma sensação de serenidade e uma ligação com algo maior — independentemente de *maior* ser visto como Deus, Deusa, Buda, o Universo ou o Absoluto.

Nos anos 1970, o dr. Herbert Benson, um especialista em medicina cardiovascular da faculdade de medicina de Harvard, estudou como o corpo reagia a certas práticas — oração cristã, meditação transcendental (MT), *biofeedback*, hipnose e técnicas de relaxamento chamadas terapia autogênica e relaxamento progressivo. Ele descobriu em todos eles que o corpo mostrava uma reação comum, que ele chamou de Reação de Relaxamento. Consistia em uma diminuição da frequência cardíaca, da pressão arterial e da respiração; uma necessidade reduzida de oxigênio; menor produção de dióxido de carbono; e assim por diante. Benson descobriu que, apesar de nossos intelectos poderem diferenciar a oração e a meditação, nossos corpos não diferenciam.

Essas diferenças estão no poder da oração e da meditação quando testadas? Muitos experimentos com a oração têm sido feitos nas últimas três décadas envolvendo pessoas de diversas variedades religiosas. Elas incluem pessoas de várias fés, incluindo cristãos renascidos, devotos de outras religiões ocidentais, meditadores de diferentes crenças, até agnósticos. Durante os experimentos, as pessoas são convidadas a usar qualquer estratégia psicológica que quiserem para poder realizar a tarefa apresentada, que normalmente serve para melhorar o funcionamento saudável de seres humanos e organismos não humanos. Esses estudos mostram não só que uma grande variedade de indivíduos pode realizar essa tarefa, mas também, como já vimos, que não existe relação entre a afiliação religiosa particular de uma pessoa e o efeito da estratégia mental.

São as pessoas e o preconceito que separam as práticas religiosas, como a oração e a meditação. Nossos corpos são mais sábios e menos dogmáticos.

MÁGICA COMUM

As pessoas ao longo da história têm se referido à oração como uma maneira de obter as coisas. Se o Divino cuida de nosso bem-estar e responde às nossas orações, seremos cobertos por dádivas?

> Uma Mercedes Benz e um portfólio bem-montado são um sinal da graça de Deus? O argumento das Escrituras não se envolve quando falamos sobre a dificuldade de os ricos entrarem no reino dos céus e sobre a natureza do "ganho sujo" como raiz de todo o mal. No entanto, 70% dos chefes de família pesquisados pela Lutheran Brotherhood, uma instituição financeira, disseram considerar a situação financeira um reflexo dos cuidados de Deus para com eles. Deles, 49% disseram rezar com regularidade para a melhoria da saúde.

O evangelista da televisão Robert Tilton não vê limites à generosidade do Todo-poderoso. "Isso mesmo!", diz ele, sem a menor ironia. "Você pode dizer a Deus qual papel gostaria que ele tivesse... Passo um: Diga a Deus o que precisa dele. Carro novo, emprego novo. Saúde. Casa. Finanças." E, ao final, mas não menos importante, a "Salvação".

Os resultados inesperados das orações egoístas são terreno fértil para humoristas e cartunistas. Aqui está um deles mostrando o desdém do Todo-Poderoso por nossos desejos egoístas:

> Deus tira um homem de seu forno cósmico, onde ele estava incubado, esperando por sua próxima reencarnação. O homem sai falando. "Olha. Dessa vez, quero um emprego de quatro dias de trabalho por semana, um salário de cinquenta dólares por hora, plano de saúde, plano de aposentadoria, dois meses de férias por ano, bom potencial para a promoção e..." Deus o coloca no forno de novo e diz: "Ainda não está pronto."

O novelista Aldous Huxley foi extremamente crítico ao dizer como enchemos o Todo-Poderoso com nossas orações egoístas. Ele observou:

> Para aprender a ter os pedidos atendidos, um homem não tem que conhecer nem amar Deus [...] ele só precisa de um senso forte de importância de seu próprio ego e de seus próprios desejos, juntamente com a firme convicção de que existe, em algum lugar do universo, algo que não seja ele que pode ser direcionado e orientado a satisfazer esses desejos. Se eu repetir: "Seja feita a vossa vontade", com o grau necessário de fé e persistência, as chances são de que, mais cedo ou mais tarde, de um jeito ou de outro, eu receba o que quero.

Se minhas vontades coincidem com as de Deus e se receber o que quero é espiritual, moral ou até materialmente bom para mim são perguntas que não posso responder com antecedência. Só o tempo e a eternidade mostrarão... A terceira frase do Pai-Nosso é repetida diariamente por milhões de pessoas, que não têm a menor intenção de permitir que nenhuma vontade, além da própria, seja feita.

Huxley estava certo: podemos ser extremamente desonestos ao usar a oração para receber o que queremos. Por exemplo, um homem disse que na adolescência ele rezava para ganhar um carro. Não o ganhou, e percebeu que Deus não agia assim. Então, ele roubou o carro e rezou por perdão.

"O homem justo ama Deus por nada", disse Eckhart. E, quando pedimos e permitimos que o amor e a gratidão surjam em nossas orações, os resultados podem ser impressionantes, como na seguinte história envolvendo Betsy MacGregor, do Beth Israel Hospital, de Nova York:

> Havia um garoto de 17 anos que se envolveu em um acidente de moto terrível. Ele sofreu múltiplas fraturas e acabou com infecção nos ossos e com fístulas nas pernas. Os cirurgiões arrancaram pedaços de seus ossos e de carne, na tentativa de afastar a infecção, até o menino finalmente acabar com um

buraco na coxa dentro do qual cabiam dois punhos cerrados.

Ele sofria dores horríveis quando o ortopedista chegava para trocar os curativos, diariamente. Eu percebi que ele era uma pessoa medrosa e covarde que estava preocupada só com seu medo e sua dor. Quando comecei a fazer algo a respeito de sua dor e a ajudá-lo com o medicamento e com algumas técnicas de relaxamento, começamos a falar sobre seus sonhos e esperanças antes do acidente.

Perguntei se ele rezava a Deus, e ele disse que sim, que estava implorando para que Deus o curasse. Disse a ele que poderia haver outra maneira de rezar em vez de implorar, que ele poderia dizer a Deus o quanto era importante para ele ser curado. Por fim, depois de alguns meses, ele me disse: "Sabe, andei rezando de modo diferente a Deus nesses últimos dias. Tenho dito que preciso ser curado. Não estou só implorando que o Senhor me cure. Preciso ser curado porque há muitas coisas que preciso fazer, e é muito importante que o Senhor me ajude a me curar".

E o rapaz disse isso de um modo muito diferente, e foi incrível. Ele falou com toda a força que possuía dentro de si, e não com ansiedade e desespero. Ele deixou o hospital com a infecção curada e com o ferimento cicatrizando, e era uma pessoa totalmente diferente do que o rapaz choroso e apático que conheci.

Frequentemente, um paradoxo abençoado ocorre quando pedimos coisas materiais. Pode ser que não recebamos o que queremos, mas ao não recebermos o que pedimos, costumamos receber um presente maior. Isso é ilustrado em "Prayer of the Unknown Confederate Soldier" ["Oração de um Soldado Desconhecido"]:

Pedi força a Deus para poder mandar;
Ele me fez fraco para que eu aprendesse a obedecer.

Pedi saúde a Deus para poder fazer coisas grandes;
Ele me deu a doença, para que eu pudesse fazer coisas melhores.

Pedi dinheiro a Deus para poder ser feliz;
Ele me deu a pobreza para que eu fosse sábio.

Pedi poder a Deus para ter o respeito dos homens;
Ele me deu a fraqueza para que eu pudesse sentir a necessidade de ter Deus.

Eu pedi todas as coisas de que gosto a Deus para poder aproveitar a vida;
Ele me deu a vida para eu poder aproveitar todas as coisas.

Não recebi nada do que pedi,
Mas tudo o que esperava.

Apesar de tudo, minhas orações não expressadas foram atendidas.
Sou, entre todos os homens, o mais rico e abençoado.

Nossas orações por coisas materiais foram negadas? A experiência pode nos ajudar a nos concentrar no que já temos — uma vida formada por acontecimentos mágicos embrulhados em pequenos momentos. Como algo material poderia aumentar o esplendor do aqui e agora? Quando percebemos que todo momento é, de certo modo, perfeito, nosso olhar pode parar de vagar, como acontece quando rezamos por um futuro melhor. Podemos aprender a permanecer com gratidão no presente — e a saber com Margaret Bonnano que "só é possível viver feliz para sempre dia após dia".

A oração não tem nada a ver com receber, mas, sim, com pensar no momento e perceber a mágica no que é mundano. Como diz a escritora Adair Lara: "E alguns, como eu, estão começando a perceber a religião poderosa da vida comum, uma espiritualidade dos chãos recém-limpos e pratos lavados, e roupas secando no varal."

A oração nos ajuda a valorizar a incrível simplicidade da vida comum. Como o aforismo budista nos lembra: "Depois da alegria, a lavanderia."

Parte quatro

COMO REZAR

TÍTULOS NÃO IMPORTAM NA ORAÇÃO

A oração é uma atividade na qual qualquer pessoa pode se envolver, independentemente de estar rezando pela primeira ou pela milionésima vez. Mas existem pessoas que rezam mais habilidosas do que outras? Existem duas escolas de pensamento sobre isso.

Em um experimento cuidadoso feito na Universidade de Iceland, em Reykjavik, pelo professor de psicologia Erlendur Haraldsson, um fator de habilidade foi identificado em curadores que rezam de modo uniforme. O estudo analisou a capacidade de sete indivíduos de afetar o crescimento de células de levedura em tubos de ensaio. Dos sete participantes, três se envolveram na cura, dois eram curadores espirituais e um era um médico que praticava a cura espiritual. Os outros quatro indivíduos eram alunos sem experiência e sem interesse especial na cura. Um total de 240 tubos de ensaio foram usados, 120 recebendo a intenção de cura, com 120 como controles. Os melhores tubos de ensaio foram colocados na frente de um indivíduo que experimentou várias vezes, cada uma durando dez minutos, para aumentar o desenvolvimento da levedura no líquido pelo método metal de sua escolha. Os indivíduos não podiam tocar os tubos nem se aproximar a menos de 30cm. Depois de 24 horas, o crescimento da levedura foi medido em cada tubo de ensaio por um calorímetro de absorção de luz lido por um assistente de pesquisa que não conhecia os controles dos tubos tratados. Além disso, outro equipamento fez medidas independentes. Os pesquisadores concluíram: "Os resultados indicam que a concentração ou a intenção mental — cura espiritual — afetou o crescimento da levedura." Analistas revelaram que houve menos de duas chances em uma centena em que os resultados positivos podiam ser explicados por acaso. A carga de coisas positivas foi feita pelos três curadores. Quando os resultados foram analisados separadamente, houve menos de quatro chances em dez mil de os resultados poderem ter ocorrido devido ao acaso, enquanto não curadores estudantes deram resultados casuais.

Em uma série de experimentos feitos pela Spindrift, uma organização de pesquisa sobre oração, o fator habilidade foi avaliado pedindo a pessoas com diferentes experiências com a oração para tentarem influenciar o índice de germinação de sementes e a atividade metabólica de culturas de levedura. Nesses testes, assim como no experimento da Islândia, os praticantes mais experientes produziram os resultados mais fortes. Esses estudos indicam que a prática, o interesse e a experiência fazem diferença na cura espiritual. E isso, para a maioria dos curadores, se baseia na oração.

Por que *não haveria* um fator de habilidade na oração? A oração envolve um estado de mente focado normalmente caracterizado por sentimentos de calma interna, serenidade e tranquilidade. Qualquer pessoa que já tenha tentado acalmar a mente sabe como é agoniante e difícil fazer isso. Santa Teresa de Ávila comparou a tentativa de alcançar essa condição mental a tentar montar um cavalo indomado. Os budistas chamam nosso estado psicológico comum de "mente de macaco". Mas a prática leva à perfeição, e, quanto mais nos envolvemos na oração e na meditação, mais silenciosa a mente se torna.

Experimentos sobre a oração sugerem que o amor é um dos fatores mais importantes que influenciam sua eficiência. Na cura, ele é a base do senso de unidade que o curador sente com o paciente. A maioria das pessoas aprende a amar ao longo de toda a vida. Isso não sugere que o efeito da oração pode variar conforme a nossa capacidade de amar se intensifica? E quanto à consistência de nosso amor? Existe um velho ditado que diz: "O amor é como o pão. Todo dia, um fresco precisa ser feito." Talvez aprender a rezar signifique simplesmente aprender a amar — profunda e dependentemente.

O ponto de vista contrastante é o de que todas as orações são igualmente eficientes e que nenhum fator de habilidade existe na oração. Refletindo esse ponto de vista, uma mulher escreveu para mim dizendo:

> É errado dar a entender que a experiência faz diferença na oração. A oração é um campo igualitário. Quando rezamos, somos todos os mesmos. Se ela sair do coração com amor e sinceridade, é só o que conta. Devemos evitar estabelecer uma hierarquia na oração, com padres e ministros no topo e o resto de nós embaixo. Não é isso o que a oração é. Se o papel da experiência for enfatizado, isso desestimulará os oradores novatos ou principiantes a as-

sumir essa prática. Devemos *incentivar* as pessoas a rezar, e não o contrário.

Não acredito que esses dois pontos de vista são mutuamente exclusivos. Um fator de habilidade existe em praticamente todas as atividades humanas, desde cozinhar, jogar sinuca, até fazer amor. Dizer que um fator de habilidade existe nessas áreas não proíbe ninguém de participar delas. Qualquer pessoa pode rezar, independentemente de seu nível de treinamento. O importante é começar.

Todo mundo concorda que uma oração deve vir do coração e ser sincera. Isso sugere que os indivíduos iniciantes na oração podem ser mais eficientes do que os veteranos, porque a experiência deles é fresca e nova, e não repetitiva e habitual.

A Bíblia nos diz de modo direto: "A oração de um homem justo vale muito." Ela não diz: "A oração perfeitamente feita de um homem justo que seja altamente experiente nesses assuntos vale muito." A oração é para novatos e também para veteranos.

É concebível que uma oração de uma única e sincera pessoa possa valer mais do que um milhão de orações casuais e sem força. Ou que a oração firme de quem reza pela primeira vez possa ser mais eficiente do que a de um mestre em oração que teve um dia ruim. Se eu estivesse doente, convocaria as orações de pessoas que amo e que me amam. Eu desejaria ter pessoas apaixonadas e empáticas ao meu lado. Não me preocuparia em saber se elas rezaram por cinquenta anos ou se começaram ontem. Na oração, a compaixão, o amor e o carinho — não os títulos — são os que valem mais.

As crianças são orações

Walt Whitman escreveu em *Folhas de relva*, em 1855:

> Uma criança aparecia todos os dias,
> E o primeiro objeto para o qual ela olhava com surpresa, pena, amor ou medo, esse objeto ela se tornava.
> E esse objeto se tornou parte dela durante o dia ou uma certa parte do dia... ou por muitos anos ou ciclos de anos.

Whitman viu que as crianças não oram; elas *são* a oração.

Se a oração é a "comunicação com o Absoluto", como já propusemos, as linhas de comunicação para as crianças parecem sempre abertas e em funcionamento. Enquanto o resto de nós se esforça para sobreviver, as crianças parecem não ter dificuldades, nem barreiras a derrubar. As crianças têm um relacionamento desobstruído com o Infinito.

Elas são a metáfora da pureza espiritual do mundo, e "ser como uma criança" é um dos elementos mais universais da instrução espiritual. O objetivo em nossa vida de oração, no entanto, não é nos tornarmos uma criança de fato, mas sermos *como* uma criança, incorporando sua inocência e verdade em nossas orações adultas.

A distinção pode parecer óbvia, mas tem sido muito mal-entendida. Muitos pensadores do século

XX, incluindo Freud, acreditavam que os impulsos religiosos representam uma vontade de regredir psicologicamente a uma criança, a um estado infantil. Para ele, todas as experiências místicas de unidade e integração eram simplesmente uma reversão à forma oceânica e não diferenciada de percepção da criança, na qual "o eu" e o "outro" eram indistinguíveis. A vontade mística era apenas um desejo disfarçado de berço, cama e seio. Essa visão, apesar de ainda ser muito popular entre os céticos, confunde a *regressão* e a *progressão*. Toda experiência espiritual válida, incluindo os âmbitos extáticos e mais amplos da oração, é uma marcha em direção à maturidade, não um regresso à infantilidade. Como uma pessoa que já entrou em um caminho de disciplina espiritual sabe, a vida espiritual não é para fracos. É difícil. Sugerir que esse caminho possa ser atravessado por crianças ou adultos infantis é um absurdo completo.

Ninguém é criança para sempre, nem deveria ser. As fraldas e a dependência precisam sumir. Isso é real física *e* espiritualmente. Os desafios e o sofrimento que fazem parte do crescimento dão amplitude, profundeza e uma intensidade à vida que a criança desconhece. Essas experiências trazem resiliência e força sem as quais a vida não pode ser vivida.

Hoje, quando nosso mundo parece tão caótico e impossível de administrar, muitas pessoas veem com saudade a simplicidade e a inocência da criança. Uma expressão disso é o fascínio público por anjos, que costumam assumir a forma de querubins infantis e santos, crianças aladas e andrógenas. Devemos nos lembrar de que os anjos, além de serem inocentes e puros, também podem ser rígidos, firmes e decididos, que não são dominados por ninguém. Eles não são só bebês fofinhos que flutuam. Eles carregam espadas de fogo. A flecha do cupido machuca. Como o poeta Rilke disse: "Todo anjo é terrível."

Nosso desejo pela inocência perdida da criança também pode ser visto na escola popular da psicoterapia chamada "trabalho da criança interior". A criança interior representa o primeiro estágio da vida no qual cuidar e amar são obrigatórios para a saúde psicológica. Os traumas nesse estágio podem causar problemas emocionais mais tarde. Ao entrar em contato com essas experiências dolorosas por meio do relaxamento profundo, do imaginário guiado, da hipnose, muitas pessoas conseguem neutralizar esses efeitos patológicos e encontrar mais paz no presente. Mas muitos terapeutas que empregam essas técnicas notaram que algumas pessoas não apenas *entram em contato* com sua criança interna como, depois do contato, permanecem com ela. Elas querem continuar no estado abençoado da infância, no qual as necessidades da segurança física e do apoio emocional são oferecidas por outra pessoa. Terapeutas habilidosos sabem lidar com pessoas que ficam presas nesse estágio. Eles conseguem ajudar seus clientes a se tornarem *como* uma criança, e não continuar uma criança.

As crianças são ícones da inocência. Elas representam a oração devido à sua comunicação com o Absoluto, que ainda não se desfez. Elas nos lembram do que já fomos e do que podemos voltar a ser.

Oração de quatro patas

O efeito da oração não se restringe aos seres humanos. Existem provas de que a oração funciona em quase todos os seres vivos aos quais ela se aplica — seres humanos, várias células e tecidos, animais, plantas e organismos como bactérias, fungos e levedura. A evidência que apoia esse efeito difundido é abundante e inclui mais de 130 estudos laboratoriais controlados, como já mencionamos.

Algumas pessoas têm dificuldade em aceitar esses experimentos porque não conseguem imaginar como alguém poderia rezar por bactérias ou outras formas mais inferiores de vida. Como uma pessoa poderia sentir bastante empatia e amor por essas criaturas não humanas para rezar por elas? Para milhões de pessoas que amam animais, isso não é um mistério. Para elas, eles simplesmente não são "inferiores". Algumas religiões, como o hinduísmo, veem os não humanos com a mesma reverência que damos aos seres da nossa espécie. Esse nível de reverência pela vida não é apenas "oriental". Eu me lembro de um ditado muito antigo de místicos judeus que dizia: "Sobre todas as folhas de grama, há um anjo sussurrando: 'Cresça! Cresça!'"

Os pesquisadores começaram a estudar os benefícios para a saúde de se ter animais de estimação. Esses estudos têm implicações interessantes para a nossa compreensão da oração. Aaron H. Katcher, um médico da Universidade da Pensilvânia, e seus colegas descobriram, no curso de medicina veterinária, que 98% dos donos de cães falam com seus cães, 75% achavam que eles eram sensíveis a seus humores e sentimentos, e 28% até se abriam com eles. Katcher acredita que as pessoas se beneficiam dessas interações, assim como se beneficiam da oração.

"É sério quando dizemos que é possível pensar nas semelhanças dos confortos da oração e dos confortos de se conversar com um animal. A oração é, frequentemente, acompanhada por elementos que a enriquecem, como incenso, música, posturas corporais especiais, o toque das mãos unidas ou das contas do rosário. E falar com um animal também tem o enriquecimento proporcionado pelo toque, pelo calor e pelo odor. Nos dois casos, a conversa é sentida para ser 'compreendida'", diz ele.

A dedicação a um animal de estimação, como a dedicação à oração, pode trazer melhorias na natureza humana, como já vimos nas dinâmicas das famílias. Ann Ottney Cain, professora de enfermaria psiquiátrica na Universidade de Maryland, em Baltimore, estudou o impacto sociológico dos animais em sessenta famílias que tinham animais de estimação, como cães e gatos, e também outros mais exóticos, como gambás, bodes e macacos. Ela descobriu que muitas dessas famílias experimentavam maior proximidade, mais tempo de brincadeiras e menos tempo reclamando depois da chegada de seus animais de estimação. "Uma mulher até usou o cão da família para apaziguar discussões familiares", afirma Cain. "'Parem de brigar, vocês estão irritando o cachorro' era seu comentário preferido."

O dr. Herbert Benson, da Universidade Harvard, mostrou nos anos 1970 e 1980 que a oração pode reduzir o estresse e diminuir a pressão sanguínea e a frequência cardíaca induzindo o que ele chama de Reação de Relaxamento. Os cães podem ser uma forma de oração de quatro patas, porque causam o mesmo efeito. Estar com eles resulta em pressão sanguínea mais baixa, segundo descobriu o dr. Katcher. Mas isso não acontece só com os cães; observar, por exemplo, um aquário cheio de peixes tropicais diminui a pressão sanguínea também.

A oração derruba barreiras entre as pessoas, assim como os animais de estimação. Peter R. Messent, do Animal Studies Centre em Leicestershire, Inglaterra, recrutou oito donos de cães e pediu a eles para fazerem dois passeios no Hyde Park — um com seus cães e outro sem. Um observador os acompanhou, gravando as reações das pessoas que passavam a 1,5m da pessoa que levava o cão. Houve um número significativamente maior de reações, e conversas mais longas, se os donos dos cães estivessem com seus animais. Não importava se eles tinham pedigree ou não.

Estar perto de cães, assim como rezar, traz à tona um comportamento intenso nas pessoas. Sharon L. Smith estudou as interações entre dez cães e os membros de sua família. Ela descobriu que os animais de estimação ofereciam aos homens, assim como às mulheres, uma válvula de escape para o toque — acariciar, coçar e brincar —, algo que os homens norte-americanos relutam em fazer.

E os animais de estimação, assim como a oração, salvam vidas. Em um estudo com 96 pessoas com doença cardíaca liberadas depois do tratamento em uma unidade de terapia coronariana, a psiquiatra Erika Friedmann, da Universidade da Pensilvânia, e seus colegas de trabalho, descobriram um índice mais alto de sobrevivência um ano depois da alta hospitalar entre pessoas que tinham animais de estimação, mesmo depois de registrar as diferenças individuais relacionadas a danos cardíacos e outros problemas médicos. Na verdade, a equipe de Friedmann descobriu que ter um animal de estimação em casa era um indicador mais forte da sobrevivência do que ter um cônjuge ou apoio familiar extenso.

Para resumir, há semelhanças assustadoras entre a oração e ter um animal de estimação como companhia. Entre eles, estão:

- Ter alguém com quem conversar.
- Desenvolver comportamento carinhoso.
- Alimentar um sentimento de ser bem-recebido ou bem-vindo.
- Promover um sentimento de ser amado incondicionalmente, "independentemente do que aconteça".
- Reduzir o estresse psicológico.
- Aumentar a saúde e salvar vidas.
- Derrubar barreiras entre pessoas.

No Riverside Methodist Hospital, em Columbus, Ohio, um dos membros mais importantes da equipe é Barlow, um belo labrador dourado. Barlow faz rondas com as enfermeiras e médicos e mantém um ótimo relacionamento com os pacientes. No Maine Medical Center, em Portland, uma bela fêmea da mesma raça, Pandora, faz turnos regulares na unidade de terapia intensiva com seu acompanhante. Pandora é muito fotogênica, e as enfermeiras da equipe dizem que ela adora ser fotografada. "Regras do Programa de Terapia" têm sido adotadas pelo médico do hospital e pelas enfermeiras, e o programa tem muito apoio dos pacientes e da equipe também.

Os animais rezam? Como a oração envolve um senso de amor e de conexão e alcance, talvez a resposta seja "sim". Nesse caso, a "oração animal" pode ter efeitos curativos? A maioria das autoridades relacionaria as influências positivas a fatores psicológicos, como redução de estresse ao ter um animal por perto. No entanto, supor que os animais rezem é um pouco demais. Mas muitos donos de cães não considerariam absurdo supor que seu labrador querido estivesse desempenhando influências de cura parecidas com as da oração a eles.

Por que adotar uma atitude antropocêntrica em relação à oração? Por que o Absoluto limitaria a oração ao *Homo sapiens*? A oração do animal, se provada, seria outro passo na democratização e na universalização da oração.

Da próxima vez em que eu ficar doente, pretendo entrar na lista de orações do máximo de São Bernardos que conseguir.

Um médico testa a oração

Em 1994, a adorada cadela de 14 anos da dra. Hillary Petit, uma veterinária de Sacramento, Califórnia, teve um sério problema. Não conseguia ficar de pé sozinha e tinha que se apoiar em uma parede ou cerca para conseguir andar. A dra. Petit temia que o diagnóstico fosse a volta de um câncer. Quatro anos antes, a cadela havia passado por uma cirurgia para a remoção de um dos olhos devido a um câncer que crescia ali. O tumor tinha sido removido de modo incompleto, e o animal havia recebido radiação depois da cirurgia. Será que o tumor havia voltado a crescer e se espalhado, causando a recorrência dos problemas? Para o caso de uma infecção de ouvido estar contribuindo para os problemas de equilíbrio e caminhada, a dra. Petit tratou sua cadela com antibióticos. Outros tratamentos foram Dramin, esteroides e suplementação para a tiroide, para cobrir outras possibilidades. Tudo falhou. Na verdade, os esteroides pareciam agravar os problemas.

A dra. Petit, já desesperada, descreve o que aconteceu em seguida: "Certa noite, cansada e desesperada, sem saber como cuidar dela, me lembro de ter pedido *qualquer* ajuda, qualquer ajuda mesmo, algo que auxiliasse na recuperação dela ou na decisão de sacrificá-la." Então, ela viveu uma das maiores experiências de sua carreira como veterinária.

> No dia seguinte em que pedi ajuda [...] ela deu vários passos sem se apoiar na cerca. No outro dia, deu vinte passos antes de se apoiar na cerca e caminhou do carro até meu apartamento (a cerca era de cem metros) sem que eu precisasse fazer nada além de ampará-la um pouco [...]. Há seis semanas ela não conseguia andar sem ajuda [...] Ao longo do dia, ela caminhou pelo apartamento apenas "pegando impulso" nas paredes de vez em quando — a cada quatro ou seis passos —, e então voltava a andar de novo.

Paradoxalmente, a dra. Petit não ficou feliz com a melhora de sua querida cadelinha.

> A parte triste dessa história é que eu tenho que admitir que me assustei com isso. Não consegui reconciliar a recuperação dela com minha experiência médica — em parte, porque foi muito rápida e drástica, em parte porque havia retirado todos os tratamentos, menos a oração. Sinto muito em dizer que na terceira noite (depois do segundo dia de recuperação), escolhi não rezar de novo, por consternação e confusão diante do que pareciam ser as consequências da oração. No dia seguinte, minha cachorra piorou e sua situação continuou a piorar depressa, e acabei por sacrificá-la depois de duas semanas.

A dra. Petit estava disposta a reconhecer e confrontar seus medos em relação a esses acontecimentos.

> Continuo pensando que: 1) Eu teria feito qualquer coisa (na época em que comecei a rezar por ela) para ajudá-la; assim, acho que minhas restrições comuns a respeito do que é e do que não é possível, aceitável ou "permitido" em termos de resposta à oração foram temporariamente suspensas; 2) vivi uma experiência distinta de descrença e rejeição diante da recuperação dela. "Isso não pode estar acontecendo", eu pensava, apesar de ter ficado muito feliz com sua recuperação; 3) em meu esforço para reconciliar o lado de minha mente cientificamente treinado, o lado esquerdo, com a recuperação radical, inexplicável e totalmente não científica à minha frente, senti um pouco de medo, uma reação do tipo "o que foi que eu fiz?", e uma rejeição à ideia de que eu havia, de alguma forma, causado isso com minhas atitudes; e 4) apesar de ter tentado repetir a remissão com mais orações assim que ela começou a piorar de novo, nunca me entreguei totalmente a elas, porque temia descobrir, apenas rezando, que seria capaz de causar um efeito tão inexplicável em um resultado impensado.

A dra. Petit mudou com esses acontecimentos.

Como consequência dessa confusão causada ao meu pensamento médico fechado em dogmas preexistentes, comecei a tentar fazer pequenas orações para coisas simples. Por exemplo, enquanto estou fazendo uma cirurgia para ligar as trompas de uma mulher, comecei a pensar coisas do tipo: "Vamos, Deus, me ajude com isso." Até agora, isso tem feito com que eu consiga concluir o procedimento na primeira ou na segunda tentativa. Há outros [exemplos]. No mínimo, essa experiência me deu muito sobre o que pensar, como de que maneira devo aplicar essa informação para benefício de meus pacientes.

Apesar de não ter educação religiosa ou espiritual, sempre me senti fascinada com assuntos espirituais ou "paranormais". No entanto, apesar de uma exploração e investigação consideráveis, há muito aceito a possibilidade de que *outra pessoa* poderia fazer essas coisas que faço. *Você* pode fazer milagres incríveis e inexplicáveis; consigo aceitar isso com serenidade. Mas por algum motivo me sinto pouco à vontade ao pensar que posso mediar o mesmo ato. Acho que não é racional, e desde a morte da minha cadela comecei a repensar isso, já que tenho certeza de que se as orações de outra pessoa poderiam resultar em sua recuperação ou fazer com que ela se recuperasse por motivos desconhecidos... isso eu teria aceitado sem qualquer reserva.

Tenho muita fé na capacidade que os médicos têm de lidar com os medos da oração. Eles são especialistas em ciência, que é um método que deixa de lado a opinião e o preconceito. A experiência da dra. Petit mostra como um médico desconfiado pode reagir. Depois de se recuperar do choque de seu encontro com o surpreendente, ela começou, como uma boa cientista, a conduzir seus próprios experimentos, "testando orações pequenas em coisas simples". É um comportamento exemplar — nem uma aceitação sem critérios nem uma rejeição completa, mas a receptividade ao desconhecido.

Quando confrontamos o modo com que a oração age, confrontamos o infinito, e é natural nos assustarmos com algo tão maior do que nós mesmos. Mas devemos *enfrentar* o medo que sentimos nesses momentos, e não contorná-lo. Se fizermos isso, o medo pode mudar e se tornar nosso aliado e nossa força: o infinito a serviço do finito.

Superando a ambivalência e a confusão em relação à oração

"Muitos cristãos rezam sem fervor, com medo de que Deus realmente os ouça, o que eles, coitados, nunca quiseram que acontecesse", C.S. Lewis disse, certa vez. O medo dos resultados é um tipo de pensamento negativo a respeito da oração. Existem muitos outros.

Milhões de pessoas sentem que a oração é um trabalho enfadonho, mas rezam mesmo assim porque temem ser castigadas se não o fizerem. Outros se sentem culpados ou egoístas rezando para si mesmos. Eles parecem sentir que Emerson estava certo quando disse que a maior parte das orações era um exercício de mesquinhez e roubo. Algumas pessoas acham que a oração é totalmente arrogante: "Quem sou eu para dizer ao Universo como se comportar?" Muitas de nossas atitudes ambivalentes em relação à oração surgem na infância. A oração, aprendemos, costuma envolver uma fala em voz alta ou silenciosa, normalmente até certo ponto relacionada com um deus do sexo masculino sábio e que não admite rodeios, que está ouvindo com atenção para ter certeza de que acertemos e de que rezamos direito. Não é à toa que nos sentimos divididos em relação à oração.

As atitudes negativas em relação à oração costumam ser inconscientes, porque dizemos a nós mesmos que é algo bom e que devemos gostar de rezar. Incapazes de confrontar esses sentimentos negativos, nós os reprimimos na parte inconsciente da mente, onde eles continuam a nos frustrar quando rezamos.

Professar que amamos o que não gostamos, claro, não se limita à oração. Milhões de pessoas se exercitam com frequência e comem de modo saudável, e detestam cada segundo disso. Orson Welles disse, certa vez, que existe mais qualidade em um homem que come caviar por impulso do que em alguém que come cereais por princípio. Quem come caviar segue seu coração. A pessoa que raramente reza, mas o faz de coração, está sendo mais autêntica do que alguém que reza compulsivamente todos os dias.

Quando reconhecemos nossas atitudes ambivalentes em relação à oração, normalmente chegamos à autorrepreensão: "Se ao menos eu fosse mais maduro espiritualmente, não me sentiria assim!" O resultado costuma ser tentar com mais afinco a "gostar" da oração. Essa abordagem não funciona porque reforça as atitudes negativas das quais uma pessoa está tentando se desfazer.

Quatro passos podem nos ajudar a resolver nossas atitudes negativas em relação à oração:

- *Pare de levar sua vida de oração tão a sério.*

  Quando me vejo levando a oração e a meditação muito a sério — quando sinto que deveria ser mais disciplinado e "rezar melhor" —, me lembro de que ainda estou aprendendo. Também mantenho por perto dois ditados que sempre me animam e me ajudam a ver as coisas de um modo melhor: a observação de G.K. Chesterton de que "o que vale a pena fazer vale muito a pena ser feito"; e a velha piada, que diz: "Como é possível fazer Deus rir? Conte a ele seus planos." Comentários como esses podem nos lembrar de algo de que sempre nos esquecemos: o Universo não depende de acertarmos ou não na oração.

• *Perceba que as atitudes negativas em relação à oração são universais.*

Os santos e místicos de todas as grandes religiões falam sobre a oração de vez em quando. Assim como nós, eles acham difícil mantê-la, e lamentam a própria fraqueza. Confessando seus defeitos durante a oração, John Donne disse: "Eu me lanço em meu quarto e convido Deus e seus Anjos, e, quando eles vêm, negligencio a Deus em razão de zumbido de uma mosca, pelo caminhar de um besouro, pelo ranger de uma porta."

Se às vezes nos sentimos fracassados na oração, estamos em boa companhia.

• *Lembre-se de que há muitos tipos de oração e muitos modos interessantes de rezar.*

Se estivermos tendo dificuldade com um método, devemos explorar os outros. Se orações com "pedidos" — orações nas quais pedimos ajuda, intercessão — não parecem adequadas, devemos pensar em nos focar em outros tipos, como as orações de adoração, comemoração ou agradecimento. Para a maioria das pessoas, elas parecem mais leves. E podem nos ajudar a ressuscitar nossa vida de oração quando ela está na sarjeta do dever sem alegria.

- *Lembre-se de que a oração não é apenas uma questão de fazer, mas também uma maneira de ser.*

Como Dorothy Day disse: "Deus tem um modo estabelecido para a oração, um modo que espera que sigamos? Duvido. Acredito que algumas pessoas — muitas pessoas — rezam através do testemunhar de suas vidas, do trabalho que fazem, das amizades que têm, do amor que elas dão e recebem das pessoas. Desde quando as palavras são a única forma aceitável de oração?"

A oração pode assumir a forma de oração completa — uma atitude, um estado mental no qual sentimos uma ligação sagrada com o Absoluto. Ela está além da cabeça baixa e do joelho dobrado. Existe não só na igreja, mas também enquanto cortamos a grama, lavamos a louça ou levamos nossos filhos ao treino de futebol. Por meio da oração completa, podemos ajudar a curar nossas atitudes negativas em relação à oração formal e ritualizada. Na oração completa, os sentimentos sagrados aparecem naturalmente das profundezas de nosso ser, como uma fonte clara surgindo da base de uma montanha. A oração completa pode nos levar de volta, ciclicamente, para a oração de novo, mas para uma oração transformada, que é tão espontânea e natural quanto a aurora.

Quem pode se beneficiar da oração?

Nos experimentos que lidam com os efeitos da oração nos seres humanos, os pesquisadores descobriram que a oração intercessora era eficiente até mesmo quando quem a recebia *não sabia* que estavam rezando para ele. Além dos estudos com seres humanos, muitos experimentos mostram também que uma variedade de organismos inferiores (bactérias, fungos, levedura, sementes, ratos, ratazanas e vários tipos de células) pode se tornar mais saudável com a oração.

Essas criaturas provavelmente não *sabem* que estão recebendo orações. Elas presumidamente não são religiosas e não "acreditam" na oração. Uma pessoa costuma ouvir que devemos "deixar a oração agir" se a estivermos recebendo. Ainda assim, os experimentos indicam que a oração intercessora é eficiente mesmo quando quem a recebe não sabe desse fato. Isso quer dizer que não podemos controlar, de modo consciente, os efeitos das orações que estão sendo feitas em nosso nome.

Mas o efeito da oração pode ser fortalecido pela crença. Isso acontece em muitas áreas da vida, incluindo a medicina moderna, na qual os médicos usam a crença de modo positivo o tempo todo. Quando um médico dá a um paciente uma medicação e diz com certeza que ela será eficiente, isso coloca em movimento efeitos físicos reais devido à sugestão e expectativa — a reação placebo. Esses efeitos positivos parecem melhorar o que a medicação faz. Assim acontece com a oração: seus efeitos são fortalecidos pela crença e pela fé.

Já falamos de quem recebe a oração. Mas e quem reza? Se eu estiver rezando por você, devo acreditar que minha oração vai funcionar? Muitos experimentos com a oração e estados parecidos de consciência sugerem que a crença positiva tem importância fundamental. No campo da parapsicologia, no qual as pessoas obtêm efeitos distintos com a mente, sabe-se há muito tempo que os "carneiros", aqueles que acreditam que um efeito distante é possível, têm mais chance de alcançar resultados melhores em experimentos do que os "bodes", céticos que não acreditam na possibilidade. Eu pessoalmente acho que a "crença não crente" é contraditória. Não sei como alguém pode rezar de verdade se acredita que o esforço não vale nada.

Algumas pessoas acreditam que a *crença* e a *fé* na oração são a mesma coisa, mas não são. A fé tem sido chamada de "a substâncias das coisas desejadas, a evidência de coisas que não são vistas" (Hebreus, 11:1). Diferentemente da fé, a crença costuma se basear em coisas que *são* vistas e que podem ser demonstradas. Na minha vida, a evidência experimental de que a oração funciona quando testada em laboratório tem criado em mim uma *crença* forte de que ela funciona. Minhas crenças se fundamentam em evidência empírica, não em fé cega. Mas minha crença na oração não diminui minha *fé* nela. Existem muitos mistérios envolvendo a oração que a ciência não destacou e que talvez não possam ser destacados — e, ainda assim, continuo a ter fé.

Se sua crença e fé na oração falharem, não se repreenda por suas dúvidas. Acima de tudo, não tente se obrigar a acreditar na oração. Permita que suas crenças vagueiem. Não as force, mas permita que elas se desenvolvam naturalmente. Quando estiver na hora de acreditar com mais força na oração, você acreditará.

Se você tentar desenvolver uma crença, ela não será genuína. Os psicólogos falam da situação de "duplo vínculo", uma situação na qual não há benefícios, na qual você está errado independentemente do caminho que tomar. Um exemplo clássico de duplo vínculo é quando um pai controlador passa ao seu filho pequeno a seguinte mensagem: "Querido, você *deve* me amar, porque todos os filhos bons amam seus pais!" O pai está pedindo ao menino para fazer algo que seja genuíno, mas isso não pode ser feito. Simplesmente acontece naturalmente. Se ele obedecer ao comando, o amor não é genuíno e ele fracassou. Mas, se ignorá-lo e de fato não gostar do pai ou da mãe, também terá fracassado. De qualquer modo, ele será um filho ruim — o vínculo duplo. Uma situação idêntica sem benefícios surge quando dizemos a nós mesmos que devemos acreditar na oração; caso contrário, seremos fracassos espirituais.

Não devemos levar muito a sério o fato de acreditarmos ou não na oração. A oração não exige nossa crença, como recipientes, para dar certo. Seria sábio de nossa parte usar a sabedoria adolescente de "relaxar" em relação a esse assunto e nos lembrar da frase do escritor britânico G.K. Chesterton: "Os anjos voam porque são leves."

Quando precisarmos rezar, rezaremos

As pessoas costumam me perguntar: "Devo rezar?" Na minha opinião, é como perguntar se você deveria beber água ou ingerir comida. Respirar. Dormir. Fazer amor. Quando você *realmente* precisar rezar, a pergunta se responderá sozinha.

Quando as crianças aprendem a andar, elas não perguntam se é certo andar. Simplesmente andam, porque é natural. Crianças normais não param de andar. Andar é algo natural às crianças.

A oração é tão natural quanto andar. É um erro se preocupar demais pensando se devemos ou não rezar. Fazer perguntas sem parar, como "devo rezar?", é o que os budistas chamam de "colocar pernas em uma cobra". As pernas são totalmente desnecessárias e só atrapalham. De acordo com outro ditado budista: "Ao caminhar, caminhe. Ao se sentar, sente. Não hesite!" Ou seja, não faça sem vontade. É uma lição valiosa para as práticas espirituais, como a oração.

O psicólogo e teólogo Sam Keen já alertou a respeito do "gaguejar espiritual" — colocar uma série sem fim de obstruções entre nós mesmos e nosso objetivo espiritual. Uma maneira de evitar o gaguejar espiritual é rezar quando sentirmos que devemos, quando parecer total e completamente certo, independentemente da frequência desse ato. Desse modo, podemos evitar as fórmulas e as injunções, que só atrapalham.

Há alguns anos, eu estava jantando com Paulos Mar Gregorios, que era, na época, presidente do Conselho Mundial de Igrejas. Do outro lado da mesa, estava um jovem explosivo que estava decidido a discutir com ele. De propósito, ele tentava provocar um confronto: "Não acredito em Deus!" O dr. Gregorios respondeu com um sorriso agradável e amoroso, e disse com delicadeza: "Não se preocupe. Se precisar, vai acreditar!" A oração é assim. Quando precisamos rezar, rezamos.

Quando a oração se torna uma atividade natural como caminhar, ela deixa de ser uma tarefa. Quando isso acontece, é como se não mais rezássemos, mas estivéssemos recebendo a oração. Dizem que São Francisco era assim: alguém que não rezava, mas que era tomado e envolvido pela oração. Como Richard Foster disse, Francisco "não parecia um homem rezando, mas a oração feita em um homem".

Rezar de modo forçado é como tentar respirar de propósito. Qualquer pessoa que tente controlar sua respiração descobre em breve que ela funciona melhor quando não nos preocupamos em respirar. Para que algumas coisas funcionem bem, precisamos parar de nos preocupar.

Mas como assim? Alguns mestres espirituais sugeriram que nos afastemos totalmente na oração. Como o monge beneditino irmão David Steindl-Rast diz: "Enquanto você perceber que está rezando, não está rezando direito."

Você deveria rezar? Se precisa perguntar, provavelmente já começou.

Não existe uma maneira melhor de rezar

> *Não é moralmente superior usar um método [de oração] em vez de outro; a coisa certa a se fazer moralmente é ser honesto... O que é certo para uma pessoa nem sempre é certo para outra. As pessoas... deveriam tomar cuidado para não ser convencidas; isso diminui o efeito de cura.*
>
> — *Deborah Rose*

Quando alguém na plateia perguntou a uma famosa teóloga como rezar, ela respondeu: "É muito simples. Pergunte a Deus." Esse é um dos conselhos mais importantes a respeito de como rezar: devemos descobrir o método que seja melhor para nós. Na oração, não existem fórmulas; não existe uma maneira melhor; não há uma maneira determinada.

"As pessoas perguntam: 'Quc tipo de oração devo fazer?'", diz Deborah Rose, ex-vice-presidente da Spindrift, Inc., uma instituição de pesquisa que tem investigado a oração há mais dc duas décadas.

> Católico, protestante, judeu, indeciso? Devo pedir algo ou só tentar ser receptivo? É meio como perguntar: que tipo de instrumento devo tocar? Violino? Harpa? Piano? Depende de sua individualidade, sua circunstância, seu passado e suas inclinações. O que combina com você? É importante desenvolver um estilo de oração com o qual se sinta à vontade.

> É bom lembrar que o estilo em que você reza mudará de tempos em tempos. Ao enfrentar a morte, as pessoas rezam de modos diferentes de como rezam na igreja ou em agradecimento. O que é importante é a qualidade e a harmonia da música, e não o instrumento que a produz.

Os estudos que cito ao longo do livro não apenas mostram que a oração funciona, mas também revelam com clareza que existe mais de uma maneira de rezar. Vários métodos são eficientes. Uma pessoa pode rezar por um resultado específico, como o aumento da atividade do sistema imunológico. Por outro lado, é possível aplicar uma abordagem geral do tipo "seja feita a vossa vontade" ou simplesmente rezar para "que o melhor aconteça". Uma pessoa pode usar palavras ou o silêncio; pode rezar ao longe ou ao pé da cama. Todos esses métodos conseguem resultados positivos quando testados. Existem até evidências de que podemos rezar em nossos sonhos. Assim, apesar de as pessoas ao longo da história terem procurado uma maneira de rezar, elas não foram bem-sucedidas, porque uma "fórmula de oração" não existe.

Isso vai contra o que estamos acostumados a ver. Na vida moderna, passamos a acreditar demais em especialistas que têm as respostas de que precisamos. Em todas as categorias da experiência humana, consultores e especialistas surgem como plantas daninhas. Quando queremos soluções, encomendamos um estudo, organizamos uma palestra ou contratamos uma equipe de profissionais. Essa crença no conhecimento de especialistas colore nossas ideias sobre a oração. "Claro", nós dizemos a nós mesmos, "deve haver pessoas por aí — ministros, padres, rabinos, santos, místicos — que conhecem a melhor maneira de rezar".

Quando falamos de oração, devemos ser nossos consultores. Isso não quer dizer que não possamos nos beneficiar das observações e experiências dos outros. Mas, em determinado momento, devemos deixar os conselhos deles de lado, entrar de cabeça e descobrir nossa própria abordagem à oração.

E o conselho dos teólogos sobre "perguntar a Deus" como rezar? Isso faz parecer que um consultor divino está esperando para nos dar todas as respostas. Mas perguntar a Deus não quer dizer olhar para fora, "para cima". Quando perguntamos ao Absoluto como devemos rezar, *mergulhamos dentro de nós* porque, se o Todo-poderoso é onipresente, ele também mora dentro de nós. Como o mitologista Joseph Campbell diz: "O reino do céu existe dentro de nós. Quem está no céu? Deus! Isso quer dizer que Deus está *dentro de nós*!" Procurando dentro de nós mesmos, nos tornamos nossos sacerdotes.

O filósofo e autor James W. Jones relata uma história da Índia antiga que expressa lindamente a beleza contida ali. De acordo com a história, os deuses estavam discutindo sobre onde esconder o segredo da vida, para que os homens e as mulheres não o encontrassem. "Vamos enterrá-lo sob uma montanha", um deus sugeriu, "nunca será encontrado ali." "Não", disseram os outros, "um dia, eles encontrarão uma maneira de escavar a montanha e descobrirão o segredo da vida." "Coloque-o nas profundezas do mar mais profundo", sugeriu outro deus; "ele ficará seguro ali." "Não", disseram os outros, "um dia, a raça humana encontrará uma maneira de chegar às profundezas do mar e o encontrará." "Coloque-o dentro das pessoas", disse outro deus; "os homens e as mulheres nunca pensarão em procurá-lo dentro de si." Então, todos os deuses concordaram, e por essa razão acredita-se que os deuses esconderam o segredo da vida dentro de nós.

Como você deve rezar? Não se preocupe demais com isso. Deixe de lado suas ideias de certo e errado. Teste métodos diferentes, e seja delicado e gentil consigo mesmo no processo. Quando seu ritual de oração parecer esquisito e desajeitado, sorria, cumprimente-se e reze mesmo assim.

Mais oração nem sempre é melhor

Existe uma piada antiga a respeito de um fazendeiro do oeste do Texas cujo negócio com a criação de gado está com problemas devido à seca e aos seus altos custos. Seu rebanho está morrendo de fome, os poços estão secos, e o preço da carne continua a cair. Ele gasta mais cuidando da vaca do que recebe por ela. Um dia, um fazendeiro vizinho, que está na mesma situação, começa a conversar com ele. Recostando-se na cerca, ele diz: "Não tem como piorar. Como vamos fazer para manter os negócios?" O velho fazendeiro responde com confiança: "Temos que fazer isso em maior quantidade."

Com a oração, costumamos ter a mesma abordagem. Mais deve ser melhor. Então, tentamos acabar com nossos problemas com muita oração, como se ela fosse um tipo de catchup celestial que pudesse encobrir todos os sabores ruins da vida, se usarmos uma quantidade suficiente. Se analisarmos a história, veremos que estamos no caminho errado aqui. Diversos santos de vida curta e tomados pela mística já existiram, e eles passaram a vida rezando, enquanto muitas pessoas que nunca o fizeram nunca adoecem e vivem até os cem anos. Quando o assunto é oração, mais nem sempre é melhor.

Sir Francis Galton, um cientista inglês do século XIX, fez o primeiro estudo científico a respeito da oração. Ele queria saber se aqueles que recebiam mais oração — a realeza, chefes de Estado e membros importantes do clérigo — viviam por mais tempo. Apesar de essas pessoas receberem muita oração, Galton descobriu que a longevidade delas não era maior, e concluiu que ela não prolonga a vida. Mas seu estudo tinha muitos erros. Entre eles, o fato de que a realeza estava exposta a um dos maiores riscos à saúde da época: a atenção constante de médicos. Além disso, podia haver pessoas rezando *contra* elas também, o que Galton, aparentemente, não levou em consideração.

E se a oração funcionar como a homeopatia? E se, contrário à razão, menos for mais? Nesse caso, deveríamos estar rezando de modo esparso, mas com muito cuidado — rezando de vez em quando, mas bem.

Não estou defendendo menos orações em vez de mais. Tenho certeza de que, em alguns casos, é melhor rezar com frequência. Mas estou sugerindo que a oração é tomada de mistério e que devemos prestar mais atenção a *como* rezamos, e não tanto na *frequência* com que rezamos — qualidade e também quantidade.

Hoje em dia, muitas indústrias farmacêuticas produzem medicamentos genéricos que são muito mais baratos do que produtos de marca das grandes empresas. Mas, apesar de os comprimidos mais baratos terem a mesma quantidade da droga ativa, em alguns casos, eles passam diretamente ao trato intestinal sem ser dissolvidos. Emergem inteiros e inalterados, da mesma forma com que foram engolidos. Esses comprimidos não resolvem os problemas. Você pode consumir muitos deles sem qualquer benefício.

Quando rezamos, as nossas orações se "dissolvem"? Ou continuam tão ineficientes como quando as fizemos? Elas podem parecer verdadeiras — podem ter as palavras certas, podem ter sido prescritas por autoridades espirituais, podem até vir de livros sagrados ou manuais de oração —, mas nunca se tornar ativas.

Os norte-americanos costumam acreditar que, se se esforçarem bastante e por muito tempo, poderão superar obstáculos e alcançar objetivos. Frequentemente levamos essa ideia para a nossa vida de oração. Mas, com a oração, mais esforço nem sempre é mais inteligência, e mais não é invariavelmente melhor. O que é melhor? Podemos identificar um ingrediente essencial na oração que seja necessário para que ela funcione? Nos resultados de experimentos científicos sobre a oração e sobre um estado parecido de consciência, uma das qualidades mais essenciais parece ser o *amor* — compaixão, empatia, cuidado profundo. O amor significa abrir mão, aventurar-se fora de si, derrubar as barreiras que nos separam dos outros. Outros estudos sugerem que um determinado tipo de relaxamento também é importante — o relaxamento de resultados preferidos. Nesses experimentos, quando as pessoas usam uma abordagem do tipo "seja feita a vossa vontade", na qual uma pessoa não dita termos, mas pede apenas o bem maior, a oração costuma parecer mais eficiente.

Amor livre: sem ele, as orações não se dissolvem.

Rezar em público ou em particular depende de nosso temperamento

Você é introvertido e prefere a solidão e a calma ou é do tipo extrovertido, que prefere a companhia de outros? A maioria de nós tem um estilo de personalidade ou temperamento predominante, e essas diferenças afetam o modo como rezamos.

Oração em grupo ou "corporativa" tem vantagens definitivas. Pode ser bom se reunir com os outros que compartilham de nossas crenças, valores e propósitos. Por outro lado, muitas pessoas profundamente espirituais preferem um quarto de oração para rezar de modo privado, como Jesus disse em Mateus 6:6.

A dúvida se a oração em grupo é melhor do que a oração solitária é semelhante à dúvida se rezar mais é melhor. É melhor combinar nossas orações com as dos outros e rezar em grupo? Algumas das tentativas mais interessantes para responder essas perguntas vêm de pesquisadores da Meditação Transcendental. Eles fizeram diversos experimentos nos quais a qualidade da vida em uma comunidade — o nível de crimes violentos, álcool e consumo de drogas, roubos etc. — é avaliada antes e depois do trabalho de meditação em grupo. Esses estudos sugerem fortemente que mais meditação de fato produz mais resultados.

Há muito tempo me sinto fascinado com esses experimentos, que têm sido publicados em jornais científicos de prestígio. Quando fui convidado para ir à Universidade Internacional Maharishi, em Fairfield,

Iowa, onde muitos dos pesquisadores da Meditação Transcendental vivem e lecionam, perguntei a eles: "Se a oração e a meditação funcionam a distância, como a pesquisa sugere, por que vocês precisam se unir em grupo para conseguir esse efeito?" "Porque isso nos ajuda a focar, e é bom", foi a resposta simples e inteligente que recebi. O processo em grupo ajudou na disciplina do envolvimento na meditação. A união melhorava o humor e a energia deles. Quem já participou de rituais em grupo percebe que há bom senso nessas observações.

O teólogo e médico britânico John Polkinghorne, presidente do Queen's College, Cambridge, já disse algo interessante sobre por que a oração em grupo pode ser uma boa solução. Ele usa a metáfora do laser. A luz do laser costuma ser forte porque é "coerente"; isto é, todos os altos e baixos das ondas que formam a luz estão em sincronia. "Acredito que a coerência divina e humana em oração [...] pode tornar as coisas possíveis, o que não aconteceria se nós e Deus tivéssemos propósitos diferentes", diz Polkinghorne. "É adequado incentivar muitas pessoas a rezar pela mesma coisa. E não porque existem mais punhos batendo na porta do céu, mas porque há mais desejos a serem alinhados com o desejo divino" — mais coerência, mais ordem, mais poder, como a luz do laser.

Ao longo da história, orientadores de oração têm reconhecido que as diferenças no temperamento humano devem ser levadas em consideração. Séculos atrás, certos manuais de oração europeus diferenciavam duas formas de oração, o jeito de Maria e o jeito de Marta. O jeito de Maria era solitário, silencioso, contemplativo. Era um modo de ser, não de fazer. Em contraste, o modo de Marta era mais ativo e público. Envolvia recitações, exercícios verbais e o uso de imagens específicas — uma maneira de fazer, além de ser. Essas estratégias de oração refletiam uma compreensão de temperamentos diferentes. Elas antecipavam os conceitos de introversão e extroversão, que só foram introduzidos na psicologia moderna no século XX, por C.G. Jung.

Qual é melhor: a oração solitária ou em grupo? Essa é uma questão que depende de nosso temperamento, personalidade e tendências naturais.

Para rezar, precisamos nos conhecer.

Podemos rezar nos sonhos

Ao longo da história, as pessoas têm tentado rezar enquanto dormem e sonham. Pense, por exemplo, em Peregrine Laziosi, um famoso padre católico que viveu na Itália de 1260 a 1345. Peregrine teve um câncer grave no pé e descobriu que teria que amputá-lo. As amputações na Itália do século XIV eram aterrorizantes; a extremidade era serrada ou cortada com um instrumento de lâmina cega com a pessoa acordada. Dizem que Peregrine rezava antes de dormir pedindo a cura, e isso não surpreende. Ele teve uma visão antes de ser curado. Quando acordou, o câncer se foi, a cirurgia foi cancelada, e ele passou o resto da vida ajudando pessoas afligidas pelo câncer. Ele foi canonizado como São Peregrino em 1726 e é conhecido como o santo patrono dos pacientes de câncer.

Essa ideia da oração inconsciente causa grande dificuldade para muitas pessoas religiosas. Depois que meu livro *Palavras que curam* foi publicado, fui convidado a dar uma entrevista em uma rede de televisão cristã transmitida via satélite no mundo todo. Antes do programa, o apresentador me chamou de lado para saber o que eu planejava dizer diante das câmeras. Ele sabia que eu não seguia nenhuma religião em especial, e estava nervoso em relação a como eu falaria sobre a minha noção de oração. Eu estava interessado em explorar uma área específica? Respondi que me sentia especialmente fascinado pelo papel da mente inconsciente na oração, especialmente nos casos em que a cura vem durante o sono, como na experiência de São Peregrino. Eu disse que sentia que os telespectadores se interessariam por esse aspecto pouco explorado da oração. O apresentador ficou horrorizado. Estava pálido e, por um momento, não soube o que dizer.

"Ah, não!", ele conseguiu dizer, gaguejando. "Não podemos discutir isso!" Eu havia ultrapassado a esfera do inconsciente. Respeitei os desejos de meu apresentador e não falei sobre as orações durante o sonho.

Por que algumas religiões têm tamanha desconfiança em relação à mente inconsciente? Elas parecem acreditar, de modo geral, que, quando sonhamos ou quando meditamos e nos "tornamos vazios", qualquer coisa pode acontecer, incluindo invasões do mal em todas as formas concebíveis. Abrir o inconsciente é um convite ao desastre espiritual, elas acreditam, e devemos estar sempre vigilantes. As pessoas se perguntam se esse ponto de vista leva à falta de sono no devoto.

Esses medos surgem de ideias inexatas, como a de que o inconsciente é totalmente vazio, como um papel em branco. Mas quem já explorou o inconsciente sabe que ele não é vazio. É altamente vivo; nunca descansa. Sem perceber isso, os objetores religiosos comparam o inconsciente a um estado sem defesa e impotente que nos torna um alvo fácil para uma variedade infinita de maldades.

As atitudes negativas em relação ao inconsciente também podem ser encontradas, claro, no trabalho de Sigmund Freud. Para ele, o inconsciente era o repositório de desejos patológicos e fantasias reprimidas. Freud é conhecido como um dos maiores inimigos da religião no século XX. A desconfiança em relação ao inconsciente traz parceiros esquisitos.

Apesar da desconfiança ampla do inconsciente, muitos exemplos, como os de São Peregrino, sugerem que a mente inconsciente pode estar intimamente envolvida com a oração e a cura. Talvez isso não surpreenda. Durante o sono e os sonhos, deixamos de lado o ego e nossas defesas psicológicas. Como resultado, a oração não tem que lutar contra o ceticismo e a dúvida que estão presentes durante nossa vida consciente. Nos sonhos, qualquer coisa parece possível, e os milagres acontecem. Talvez seja por isso que os sonhos frequentemente pareçam uma das formas mais eficientes de oração.

As orações e os sonhos interagem em uma variedade infinita de modos, como na experiência a seguir:

> Em dezembro de 1992, fui diagnosticado com um tipo de câncer agressivo na bexiga que havia se espalhado para os nódulos linfáticos. Fui imediatamente para a Clínica Mayo para obter uma segunda opinião. Os médicos da Mayo, como os anteriores, recomendaram uma cirurgia para ser feita imediatamente — remoção da bexiga e da próstata —, com a qual eu concordei. Depois de minha recuperação, todos os médicos foram enfáticos em dizer que eu deveria fazer quimioterapia no caso de o câncer não ter sido retirado totalmente na cirur-

gia. Por fim, decidi não seguir essa recomendação. Escolhi usar vários métodos naturais com os quais eu me sentia familiar e nos quais eu acreditava.

Na segunda noite depois do início do programa, conversei com Deus. Contei a ele que estava totalmente confiante de que estava fazendo a coisa certa, que eu estava curado ou seria totalmente curado, e que queria que ele confirmasse isso em um sonho com um sinal tão óbvio que eu não me enganasse.

E meu sonho foi assim: Eu era o passageiro de um carro que passava pelo campo. Olhando pela janela, vi uma luz aparecer repentinamente no céu, lá em cima. Ela ficou cada vez mais forte, iluminando o universo todo. Eu me senti animado, virei para o motorista e disse: "É a luz dele! É a luz sobre a qual eles falam na Bíblia... É o sinal dele!"

Eu acordei sabendo que havia recebido o sinal, que estava fazendo a coisa certa, e que seria curado se ainda não estivesse.

Estou total e completamente livre de qualquer tipo de câncer. Até mesmo meu oncologista cético não conseguiu encontrar mais nenhum sintoma ou sinal. Eu me sinto honrado e abençoado por essas experiências.

Encontrar uma direção — saber como agir na vida — tem acontecido para as pessoas em sonhos ao longo da história humana. Veja este relato:

Em dois anos, meu marido e eu perdemos nossos empregos. Com quatro filhos em casa, a vida havia se tornado muito difícil. Para o meu marido, a dificuldade foi uma crise de carreira. Sem conseguir um emprego, ele estava tentando montar um negócio. Para mim, foi uma crise espiritual. Eu havia passado os últimos três meses desde que perdera meu emprego em uma busca interna — lendo, meditando, caminhando, pensando —, desejando encontrar direção para o meu próximo "trabalho na vida".

Então eu tive um sonho. Eu estava descendo uma rua muito escura. Não havia luzes e nenhum outro carro na estrada. De repente, a distância, vi dois faróis fortes de um carro vindo em minha direção — na rua! Tive tempo de pensar e tomar uma decisão sobre a melhor maneira de evitar uma batida de frente. Apesar de saber que era comum virar para a direita, julguei que, nesse caso, me mover para a esquerda seria a melhor escolha. Parti para a esquerda e, quando o carro passou por mim, disse a mim mesma: "Nossa! Espero que ele perceba que está na direção errada e vire." Logo depois, comecei a dirigir de novo, e vi *muitos* faróis vindo na minha direção. Dessa vez, percebi que *eu* estava seguindo no caminho errado! Mais uma vez, tive tempo de pensar e tomar uma decisão. Rapidamente, me virei e me afastei com segurança.

Pensei no sonho quando acordei, mas não achei sentido nem o interpretei. Mais tarde naquela

> noite, durante minhas orações, sentindo-me insegura e incerta, pedi segurança. Assim que expressei isso, percebi que minha oração por segurança foi atendida! E compreendi a mensagem de meu sonho, de que eu costumava seguir na direção errada, mas agora seguia pelo caminho certo.

Podemos desenvolver a oração no sonho? Muitos pesquisadores contemporâneos na área do "sonho lúcido" afirmam que sim. O sonho lúcido é um estado no qual uma pessoa sabe que está sonhando, mas consegue obter o controle voluntário do conteúdo de seus sonhos. Livros dos pesquisadores Stephen LaBerge, Jane Gackenbach, Robert van de Castle e muitos outros estão disponíveis para guiar qualquer pessoa interessada em explorar essa área fascinante. Pesquisadores da parapsicologia, Stanlee Krippner e Montague Ullman têm feito experimentos laboratoriais indicando que a informação específica pode ser obtida durante os sonhos e pode ser trocada entre indivíduos a distância. Essa pesquisa sugere que o conteúdo dos sonhos não é um ruído aleatório, como alguns cientistas sugeriram.

Ao longo da história humana, sonhos e orações à noite têm atendido os grandes padres, xamãs e conhecedores de todas as culturas. A maioria das culturas entende que os acontecimentos dos sonhos são caminhos que nos levam aos deuses. Mesmo na Bíblia, os sonhos eram vistos como condutores de sabedoria do Todo-poderoso aos seres humanos. Um dos obstáculos modernos a esses costumes antigos é a ideia de que a oração deve ser sempre uma atividade *consciente* envolvendo palavras, citações, rituais e participação em uma catedral, igreja ou sinagoga. Certamente, essas atividades fazem parte da oração, mas não a oração toda.

O místico cristão do século XIII Meister Eckhart disse: "Não existe nada em toda a criação tão parecido com Deus quanto a tranquilidade" — incluindo, podemos presumir, a tranquilidade dos sonhos.

De olho no infinito

Um dos maiores pesos que carregamos é a certeza de que a vida terminará tragicamente em morte. Esse medo está em nossa crença de que o tempo flui, como um rio, e que está nos levando irreversivelmente em direção à extinção. A morte espera por todos; ninguém escapa da fúria do tempo.

Apesar da sensação comum de que o tempo é um processo fluido de mão única, nenhuma experiência na história toda da ciência mostrou que o tempo flui. Isso pode ser uma surpresa para muitas pessoas, que pensam que os cientistas responderam as questões básicas sobre o tempo há muito tempo. Na verdade, a natureza do tempo está contida na ciência, sem solução à vista. Não espere conseguir grandes respostas de cientistas a respeito do tempo. Alguns pesquisadores, como a vencedora do prêmio Nobel, Ilya Prigogine, procuram restaurar a linearidade e a direção do tempo, de acordo com o bom senso. Outros, como o vencedor do prêmio Nobel, Richard Feynman, declararam que a natureza do tempo é simplesmente "difícil demais", dando a entender que poderemos ficar sem respostas durante muito tempo. O médico John Hagelin, autoridade em uma área dentro da física chamada "teoria das cordas", acredita que o tempo não seja formado por unidades sucessivas, como segundos, minutos e horas. Em vez disso, ele diz: "A única unidade natural de tempo é a eternidade."

A vida está destinada a terminar tragicamente em morte? Depende de como concebemos a natureza do tempo. Se o tempo não transcorrer como pensamos, talvez devêssemos ver de novo o sentido da morte. Isso não é uma sugestão de que a morte não aconteça, mas que sua importância pode ser diferente do que pensamos. Pode não ser o fim absoluto que acreditamos ser.

Como podemos decidir? Em vez de rezar para não morrer, talvez devêssemos rezar para uma compreensão diferente do tempo — tempo como eternidade, e não como um processo fluido sempre levando em direção à aniquilação. Se a oração nos deu uma experiência não fluida do tempo, ela poderia neutralizar nossa compreensão de tragédia.

A oração *pode* revelar como é a eternidade. Durante a oração, costumamos sentir o tempo parar, e, por um momento, analisamos o infinito. Essa percepção pode ir além da oração a cada momento de consciência. É possível que essa nova maneira de ser, com o tempo, se torne tão real que continuamente nos sintamos imortais. Para quem obteve essa consciência, a imortalidade não é uma possibilidade teórica, mas uma certeza. É um modo como a oração invalida a tragédia — não impedindo que os acontecimentos negativos ocorram, mas modificando o impacto que esses acontecimentos têm sobre nós, transformando nossa noção de tempo.

Em vez de dedicar tempo à oração, talvez devêssemos dedicar oração ao tempo — não o tempo fluido com o qual nossos medos e ansiedades são formados, mas o tempo que é infinito e eterno.

Por que a oração não pode erradicar toda a tragédia do mundo? Talvez ela já tenha feito isso — e na hora certa.

Perdoar a si mesmo por adoecer

"Se eu tivesse persistido em meu caminho espiritual, minha biópsia não teria revelado nada de errado", disse um de meus pacientes, certa vez. Por que nós nos culpamos por adoecer? Chamo isso de "culpa New Age", e atualmente é uma epidemia em nossa sociedade. Essas acusações também podem ser feitas pelos outros. Chamo isso de "condenação New Age".

Claro, a doença *pode* ser um reflexo da psique. Por exemplo, as pessoas que passam por um nível alto de estresse psicológico no trabalho e não têm controle sobre as exigências de seu emprego correm mais riscos de sofrer ataques cardíacos. Além disso, sabemos que os indivíduos perturbados com o estresse e a ansiedade e que são indiferentes e irritados com a vida de modo geral — a chamada "personalidade tipo A" — têm mais chance de morrer mais jovens em decorrência de problemas cardíacos.

Mas exemplos como esses não indicam que *todas* as doenças estão relacionadas a problemas psicológicos ou fracasso espiritual. Muitos grandes santos e místicos morreram de doenças aterrorizantes, normalmente muito jovens. Como a teóloga Karen Armstrong comenta em seu livro *Visions of God*, "O misticismo pode apresentar ameaças sérias à saúde. A vida mística deve ter um alerta à saúde: ela pode prejudicar sua saúde mental e física." Se "ser espiritual" imunizasse uma pessoa contra uma doença, os santos e os místicos teriam vidas longas e saudáveis. O fato de isso nem sempre acontecer mostra que uma pessoa pode atingir grandes conquistas espirituais e, mesmo assim, ficar muito doente.

Por que as células do estômago de Ramana Maharshi, o santo mais querido da Índia moderna, se tornaram cancerosas, e por que esse homem tão religioso teve uma morte dolorosa causada por câncer de estômago? Por que Buda, o Desperto, morreu de intoxicação alimentar? Por que Santa Teresa d'Ávila foi afligida pela artrite a ponto de se tornar incapacitada? Ou por que nossa biópsia deu resultado positivo — apesar de termos feito um enorme trabalho espiritual na vida? Em cada situação, as células do corpo estão apenas sendo o que são, fazendo o que as células fazem, o que, às vezes, envolve seu mau funcionamento.

Nos últimos cinquenta anos, os cientistas médicos descobriram as ligações mais íntimas entre a mente e o corpo. Essas visões, por mais maravilhosas que sejam, não devem ser muito estendidas. A relação entre a saúde mental e física é geral, não invariável. Ainda que façamos nossa lição de casa espiritual, *não é sempre* que seremos abençoados com boa saúde.

No primeiro verso do primeiro capítulo do livro de Jó que lemos, "Jó [...] era [...] perfeito." E posteriormente: "Em tudo isso, Jó não pecava." A história de Jó mostra que a perfeição, o desastre pessoal e a doença física podem andar lado a lado. Às vezes, as células do corpo atuarão como devem atuar e terão problemas, por mais que sejamos avançados espiritualmente.

Quase todo mundo passa pela doença mais cedo ou mais tarde. Quando fazemos a pergunta inevitável "Por que isso está acontecendo? Por que eu?" — devemos resistir e não nos culpar por causar o problema. Quando nossos órgãos, células e moléculas não estão funcionando bem, em vez de criticá-los, podemos agradecer e abençoá-los por terem nos sustentado até aquele momento.

Gladys McGarey, ex-presidente da American Holistic Medical Association, é uma médica que compreende o valor de uma atitude de perdão e leveza em relação ao corpo. Certa vez, ela disse que as mulheres devem ser menos mórbidas em relação ao autoexame de mama. Em vez de procurar nódulos nos seios com medo e receio, ela aconselha as mulheres a, ao iniciar o exame, pensar que seus seios são como bons amigos: "Oi, meninos! Como vocês estão? O que está acontecendo hoje?"

Devemos assumir uma atitude menos exigente em relação a nossos corpos. E eles podem ficar gratos por isso. Ninguém gosta de ouvir que precisa ser perfeito o tempo todo.

Oração "seja feita a vossa vontade"

Usar uma abordagem do tipo "seja feita a vossa vontade" ou "que o melhor aconteça" na oração exige fé e confiança de que o melhor resultado prevalecerá. Também significa deixar de lado nossas preferência e exigências. Isso pode ser muito difícil, porque a maioria de nós sente que sabe com antecedência o que é melhor, e não perde tempo dizendo ao Absoluto o que fazer.

É por isso que muitos de nós temos segundas intenções quando usamos uma forma de oração aberta. Se tivermos uma doença e rezarmos "seja feita a vossa vontade", costumamos pensar: "A propósito, eu não me importaria se a doença fosse embora." Ou "seja feita a vossa vontade, mas, por favor, mande para mim uma promoção no trabalho." Se suas exigências e desejos pessoais contaminarem suas orações do tipo "seja feita a vossa vontade", as orações não são sinceras.

Um dos melhores motivos para confiar em uma oração não dirigida e aberta é que nosso conhecimento é limitado. Mesmo quando pensamos que estamos rezando pelo que é melhor, podemos estar enganados. Deborah Rose, ex-vice-presidente da Spindrift, Inc., uma instituição de pesquisa sobre a oração, faz uma analogia de rezar por tomates saudáveis.

Acreditamos que o melhor para o tomateiro é que produza muitos tomates maiores e mais vermelhos, e que isso aconteça depressa. Mas isso é mesmo o melhor? Tomates desse tipo podem ser produzidos colocando as plantas em uma estufa, mas os tomates produzidos dessa maneira não têm um gosto bom, o desenvolvimento não é muito bom, e a resistência a doenças diminui. Assim, apesar de pensarmos que estávamos rezando por plantas mais saudáveis, descobrimos que esse tipo de oração não é saudável para elas. Teria sido mais inteligente simplesmente rezar "seja feita a vossa vontade?". Se tivéssemos feito assim e o tomateiro tivesse crescido mais lentamente e produzido tomates menores e em menor quantidade do que desejamos, poderíamos reclamar que nossas orações não foram atendidas. Mas elas podem ter sido respondidas pelo ponto de vista dos tomateiros.

Rose acredita que a pesquisa da Spindrift aponta para uma "força ordenada" na oração, que impede que ela seja usada para estimular um organismo além do que é bom para ele. Quando produtores de leite rezaram "seja feita a vossa vontade" em um experimento da Spindrift, suas vacas passaram a dar *menos* leite, não mais. Rose explica:

> A força do pedido costuma fazer com que uma vaca dê menos leite porque as vacas nos Estados Unidos costumam ser condicionadas e criadas para dar mais leite do que o que é bom para elas [...]. As pessoas dizem: "Ah, minha oração não funcionou. A vaca deu menos leite." Funcionou. A força do pedido vai fazer o que é melhor para o organismo, e não necessariamente o que você espera.

Às vezes, a força do pedido imaginada pelos pesquisadores da Spindrift parece considerar não apenas as necessidades do organismo, mas as necessidades da comunidade como um todo:

> Se você estiver morrendo de fome e prestes a perder sua fazenda e rezou pelas vacas e precisou que elas dessem leite suficiente para que você pudesse economizar dinheiro para salvar a fazenda e alimentar a família [...] a força do pedido pode resultar em uma vaca dando mais leite, mas de um modo que não machucaria o animal [...] A força do pedido age no melhor para a comunidade. Ela não pode ser manipulada nem enganada, e tem sua própria ética nata ou sistema de justiça. Ela vai interagir com as necessidades do todo.

A Spindrift continuou a testar essas ideias. Apesar de as orações resultarem em menos produção de leite pelas vacas nos Estados Unidos, as orações pelas cabras do Haiti produziram *mais* leite. No Haiti, o leite era muito necessário; nos Estados Unidos, não. Os pesquisadores da Spindrift consideram isso um exemplo de que a força do pedido em uma oração do tipo "seja feita a vossa vontade" não age cegamente, mas considera as necessidades do organismo e da sociedade em geral.

Isso pode ser desconcertante. Quais *são* as necessidades do organismo? Quais são as necessidades da comunidade e da sociedade, de modo geral? Qual é o equilíbrio entre elas? Em uma abordagem "seja feita a vossa vontade", não precisamos saber as respostas. A força do pedido é capaz de fornecê-las sem a nossa ajuda.

Enquanto estava envolvida em um trabalho saudável com pessoas do campo no Haiti, a equipe da Spindrift estava com dificuldade para estocar leite. Assim, eles rezaram para um tipo de sistema de refrigeração primitivo para manter o leite fresco. Apesar de o sistema de refrigeração não aparecer, o leite começou a se manter fresco por mais dias sem refrigeração. Quando tentaram repetir esse resultado ao voltar para os Estados Unidos, não obtiveram sucesso. "Não sabemos com certeza [por que os resultados foram diferentes]", disse Rose, "mas achamos que tem algo a ver com a necessidade. Na minha cozinha, em casa, não precisávamos que o leite permanecesse fresco, mas no Haiti as vidas literalmente dependem disso."

Se as observações de Rose estiverem corretas — se o local de um experimento e o contexto social forem importantes —, as implicações à ciência são profundas. De acordo com o pensamento científico atual, o local onde um experimento é feito não importa. Se um experimento dá certo em Boston, ele deveria dar certo também no Brasil. Ainda que isso aconteça em certos tipos de experimentos, pode não ser verdade em estudos que envolvam a oração e outras atividades da consciência. Para acomodar a oração, a teoria científica pode ser levada além de sua estrutura atual.

Certa vez, recebi uma carta de um homem que acusava a oração do tipo "seja a feita a vossa vontade" de ser uma maneira de se esquivar. "Pessoas sem coragem se sentem atraídas a esse método", ele disse. "Se as pessoas rezarem 'seja feita a vossa vontade', elas podem dizer que a oração foi atendida. Elas não têm que enfrentar o fato de a oração não ter valido a pena. Se tivessem coragem, elas rezariam por algo específico, e correriam o risco de ver a oração fracassar." Eu discordo. Uma estratégia de oração "seja feita a vossa vontade" não é para covardes, mas para pessoas que tenham a força de aceitar o veredicto do Absoluto, seja qual for. É muito mais fácil fazer exigências e pedidos específicos. O maior desafio é se contentar com menos leite, não mais.

Rezando por milho em Iowa

Vamos falar sobre a lista de oração. O reverendo Karl E. Goodfellow, um ministro metodista em Guttenberg, Iowa, tem dois mil seguidores. Trata-se, aproximadamente, do número de famílias fazendeiras em oito bairros que formam a região de sua igreja na parte nordeste do estado. O reverendo Goodfellow pensa grande. Sua lista pode aumentar em breve para cem mil, o número total de fazendas no estado.

Goodfellow começou a fazer pesquisa de oração como parte de seu projeto de seminário. Na época, ele se interessava pelas mudanças sociais em igrejas que resultavam da oração. Mais tarde, descobriu evidências que sugeriam que a oração pode afetar o índice de germinação e as características de crescimento das sementes. Quando se tornou ministro rural em Iowa, onde há boa parte da terra mais fértil do planeta, ele teve uma oportunidade incrível de testar os efeitos da oração em plantas.

A igreja de Goodfellow começou a rezar por sementes, e as sementes abençoadas ficaram ainda melhores. Então, ele pediu a Deus para abençoar parte de uma plantação de milho. Agricultores que participaram do experimento afirmaram conseguir melhores resultados nas áreas onde as plantações tinham sido abençoadas. Os agricultores são pessoas práticas; quando alguma coisa funciona, eles percebem. A imprensa também. O projeto de Goodfellow apareceu em publicações nacionais, e ele foi convidado a participar de *talk shows.*

Por que o interesse intenso? Em anos recentes, os fracassos na agricultura têm ocorrido em um ritmo assustador ao longo de todo o centro-oeste norte-americano. A cada fazenda fechada, aproximadamente 70 mil dólares se perdem na economia local. A perda não é só econômica. Em Iowa, as pessoas percebem que estão presas à terra independentemente de viverem na zona rural ou não. A sociedade tem sido prejudicada pela população em declínio da zona rural. As pessoas veem vizinhos desaparecendo, escolas e igrejas morrendo, e comunidades inteiras sendo ameaçadas.

Goodfellow começou a discutir o problema com o clérigo de sua área. Todo ministro com que ele conversava compartilhava seus medos em relação ao impacto da comunidade agricultora em declínio. Se a oração funcionasse nas plantações, Goodfellow pensava, por que não para os agricultores? Ele estabeleceu um objetivo de encontrar um parceiro de oração para cada agricultor em Iowa. Os parceiros de oração rezavam diariamente, de 8 de outubro até 30 de novembro, o ápice da colheita. Ele se surpreendeu ao descobrir que havia cerca de cem mil fazendas pelo estado. "Foi meio assustador", disse ele. Então, ele reduziu o projeto de modo a incluir cerca de "apenas" 12 mil famílias nos oito condados de sua região.

Cada pessoa que concordou em participar recebeu os nomes das famílias agricultoras pelas quais devia rezar, além de um manual de mensagens de motivação com um toque rural forte. As famílias agricultoras recebiam orações todos os dias, por nome. Apesar de algumas pessoas que rezavam preferirem fazê-lo de modo anônimo, os párocos que rezavam frequentemente enviavam uma carta às famílias agricultoras de sua lista, juntamente com uma cópia do manual de motivação usado no projeto, se desejado. "Muitas famílias agricultoras só são procuradas pelas igrejas para doar dinheiro", Goodfellow diz. "Essa pode ser a primeira vez em que eles foram contatados para ouvir alguém dizer que estavam recebendo orações, que são valorizados pelos papéis que desempenham nas igrejas, comunidades e escolas."

Além de rezar por uma colheita farta, os membros da paróquia também rezam pela redução de acidentes na lavoura, um grave problema na área rural dos Estados Unidos. A agricultura não é só difícil; ela também pode ser muito perigosa. Ver pessoas sem dedos, mãos e braços é algo comum nas fazendas dos Estados Unidos.

O manual usado no projeto de Iowa é o *God's Harvest — God's People*, uma coleção de mensagens motivacionais escritas por moradores do nordeste de Iowa. As mensagens são tocantes. A pastora Joann Hary, que cresceu em uma fazenda, escreve sobre seu pai, que perdeu um braço em um acidente na lavoura, e sua reabilitação. Seu pai se adaptou bem ao equipamento que usava na mão esquerda, e visitava outros agricultores feridos. Ele garantia a eles que uma vez que, pela graça de Deus, ele conseguiu se superar, eles também conseguiriam. Algumas páginas depois, Richard Shaw, de Calmar, conta a respeito da dor de cabeça que sentiu quando foi forçado a deixar sua lavoura. Eu fiquei emocionado ao ler as mensagens de perda e esperança.

Eu cresci em uma fazenda pequena de algodão na região central do Texas, e durante toda a minha vida nutri um forte respeito pelas famílias de agricultores. Apesar do jeito durão, os agricultores sabem ser algumas das pessoas mais espiritualmente influenciadas que eu conheço. De modo geral, eles têm uma preocupação forte e respeitosa pela terra. Conforme li alguns depoimentos de moradores, me convenci ainda mais de suas visões.

"Respeite os sistemas e os ciclos naturais", diz o texto de 10 de outubro, escrito pela pastora Mary K. Green, da United Methodist Church de Edgewood, Iowa.

> Conheça nosso ambiente e as necessidades. Use a lógica, a ética, o amor cuidadoso, como qualquer pastor faz [...]. A perda do solo fértil é uma ameaça à civilização básica. Quando a terra fértil deixar de existir, também não mais existirá o potencial à vida. Espera-se que os agricultores alimentem 92 milhões mais de pessoas a cada ano com 24 bilhões de toneladas a menos de solo arável todos os anos! [...] O futuro depende de maneiras não prejudiciais de agricultura. O destino das terras e da água do

> planeta é determinado pelo modo como NÓS os usamos. TODA pessoa tem uma chance de agir. Torne-se física, pessoal e espiritualmente ligado à terra que nos mantém. Sinta-se forte sabendo que suas atitudes fazem uma diferença substanciosa e positiva na criação de Deus. Procure fazer a coisa certa, seja o Bom Pastor, por mais difícil, inconveniente ou oneroso que seja.

Liz Goodfellow, cujo marido chama-se Karl, escreveu o texto de 28 de outubro. Liz também cresceu em uma fazenda, e aprendeu, na infância, que a dor e o sofrimento nunca estão muito longe em uma fazenda movimentada.

> Os acidentes acontecem muito depressa. De qualquer modo, foi o que pareceu quando, em um segundo, meu irmão acionou o descarregador e, no segundo seguinte, nós vimos sangue pingando do braço de meu pai. Ele o estava consertando, mas, quando gritou, não entendemos as instruções. *Ah, Deus, socorro. O que havíamos feito?* Graças a Deus, meu pai permaneceu calmo e manteve o bom senso. Rapidamente, ele nos disse o que fazer para ajudá-lo e logo minha mãe e meu pai estavam a caminho do hospital. O resto de nós ficou em casa para terminar as tarefas e se organizar. Ele ficaria bem? Por que aquilo teve que acontecer? Ele conseguiria trabalhar de novo? Nós ficamos desesperados. Não queríamos que nada desse errado. *Ouça meu apelo,*

> *Deus; atenda a minha oração* [...] Meu pai voltou para casa no mesmo dia, com pontos e sorrindo...

Desde o início do projeto de oração, os agricultores começaram a relatar experiências interessantes — "coisas que aconteceram que poderiam ter sido desastrosas, mas não foram". Um agricultor foi sugado em um compartimento de grãos, e poderia ter morrido sufocado, mas saiu ileso. Outro agricultor perto de Hawkeye estava dirigindo por uma estrada quando um trailer parou na frente dele. Só um "milagre" impediu o que poderia ter sido uma colisão fatal.

Algumas pessoas se opõem a essa abordagem à oração. Dizem que é egoísmo rezar pela colheita farta. Aqueles que se negam a rezar por grãos, a ser consistentes, também rejeitam o "Pai-Nosso", "O pão nosso de cada dia nos dai hoje" — rezar pelo pão que também é feito de grão?

O projeto de oração de Goodfellow vai além de mais terra por hectare. Ele acredita que a oração ajuda não só a pessoa ou a situação que a está recebendo, mas também as pessoas que rezam. Como pastor, ele viu que, frequentemente, quando as pessoas rezavam pelo bem-estar das outras, tornavam-se mais tolerantes. Paravam para dar um telefonema, paravam para conversar com alguém na rua ou para levar comida a alguém em necessidade. Assim, não surpreende que o projeto de oração de Goodfellow tenha afetado não apenas os agricultores, mas também os moradores da cidade. A população da cidade parece ter se unido ao povo da zona rural, expressando seus cuidados escrevendo cartas e dando telefonemas para eles. Os agricultores agradecem. Um agricultor disse que, em um momento em que parece que muitas pessoas são contra os agricultores, foi bom saber que alguém os estava apoiando. Um agricultor de Melville telefonou para dizer: "Vocês não me conhecem, mas quis apenas ligar e agradecer. Todos os dias, enfrentamos muitas pressões, e é bom saber que alguém se importa conosco."

O pastor Goodfellow tem recebido muitos pedidos para disponibilizar o material motivacional e aconselhar sobre como dar início a redes de oração. Ele está trabalhando com um grupo da Universidade de Iowa reunindo dados a respeito dos efeitos da oração na colheita e o índice de acidentes agrícolas. Ele pretende expandir o programa de modo a incluir todas as centenas de milhares de fazendas em Iowa, e então todas as fazendas do centro-oeste. De onde virão os fundos? Isso também está na lista de oração.

A resposta nem sempre é "sim"

As pessoas costumam se perguntar por que a oração não é atendida 100% das vezes. Mas como sabemos que não é? Existem muitas outras respostas perfeitamente boas à oração, como *não, talvez, quem sabe, ainda não* ou *vamos ver.* Se somarmos todas as respostas possíveis, talvez nossas orações *sejam* atendidas sempre.

Se a analisarmos do ponto de vista médico, podemos perguntar: Qual terapia funciona sempre? Uma terapia assim nunca existiu. Até mesmo os tratamentos mais poderosos falham de vez em quando.

Além disso, os médicos nunca sabem com antecedência se uma terapia vai funcionar para uma determinada pessoa. Simplesmente pesamos as opções, experimentamos e torcemos para que as coisas deem certo; mas, como todos os médicos sabem, elas nao costumam funcionar. A mesma coisa acontece com a oração. Não sabemos qual será o resultado, mas rezamos de qualquer modo.

É bom o fato de nossas orações nem sempre serem atendidas. Por exemplo, se todas as orações para a cura de doenças que foram feitas na história da raça humana tivessem sido atendidas, quase ninguém teria morrido. Isso teria causado um desastre mundial milênios atrás devido à superpopulação. Hoje, não teríamos onde ficar, e a Terra não seria adequada para os seres humanos.

A verdade é que não somos espertos o bastante para saber o que perguntar. Às vezes, precisamos ser protegidos de nossas orações. Imagine os milhares de pessoas que estão rezando ao mesmo tempo pela última vaga no estacionamento no centro de Chicago, Los Angeles, ou na cidade de Nova York. Se todas as orações fossem atendidas, haveria uma implosão colossal quando todos chegassem à vaga ao mesmo tempo. C.S. Lewis resumiu nossos limites observando: "Se Deus tivesse atendido todas as orações tolas que fiz na vida, onde eu estaria agora?"

Por que as orações nem sempre são atendidas? É uma bênção que seja assim.

Cuidado com o que você pede

Em uma recente pesquisa Gallup, os cinco principais tópicos relacionados à oração foram bem-estar da família, agradecimentos, perdão, controle emocional e paz interior. Ainda assim, muitas pessoas veem a oração principalmente como um modo de obter coisas físicas.

Esse hábito não é novo, claro. Meister Eckhart, o grande místico alemão do século XIII, deplorou esse uso da oração. Ele lamentava em seus sermões que as pessoas usam Deus como uma vaca, só pelo leite e queijo que ela dá. Eckhart provavelmente sabia que a palavra *oração* vem do latim *precarius*, "obtido ao implorar", e *precari*, "rogar" — pedir diretamente, solicitar, implorar.

No entanto, o fato de pedirmos algo na oração não quer dizer necessariamente que estamos sendo gananciosos. Podemos pedir que nossa saúde melhore para podermos ser mais úteis aos outros. Podemos pedir para que nossas finanças melhorem para podermos estabelecer um projeto para ajudar pessoas em necessidade. Podemos pedir maior capacidade de compaixão e amor.

Aqueles que rezam por ganância precisam tomar cuidado. A oração tem meios disciplinares naturais para aqueles que abusam dela. Percebemos isso em histórias como "a vingança da fada boa", sobre a qual a antropóloga Mary Catherine Bateson escreveu de modo eloquente. Essas histórias contam sobre paradoxos e dilemas envolvendo egoísmo sem limites.

Bateson descobriu que essas histórias são universais. Ela cita o clássico exemplo do rei Midas, que queria que tudo que ele tocasse virasse ouro — e virava. Como um alquimista onipotente, a vida do homem se tornou uma tragédia. Bateson também conta uma história de um casal que queria duzentos dólares e os receberam como indenização pela morte acidental de seu filho. Mais tarde, eles desejaram que ele voltasse à vida, mas viram que ele estava tão deformado, que logo desejaram que morresse de novo. E também havia o homem que queria que seu pênis fosse comprido o bastante para chegar ao chão — e, de repente, viu-se sem pernas.

O fato de as histórias da Fada Boa serem universais sugere que elas são muito úteis. Sugere-se que elas desempenham um papel na criação dos filhos. As crianças costumam querer coisas muito ousadas. Às vezes, seus desejos são destrutivos, como quando desejam a morte de pais ou irmãos. Talvez as histórias da Fada Boa tenham sido criadas para ensinar a elas os perigos velados de desejar sem sabedoria. Os alertas da Fada Boa também se aplicam a quem reza com ganância. Eu me lembro de ter visto um desenho no jornal *Out of Time*, no qual um homem está pedindo: "Destrua meus inimigos, ó, Deus." Em seguida: "Deus, atenda um pedido meu: destrua meu pior inimigo." Logo depois: Um raio caiu do céu — "ZAP!" — e queima o homem. Depois, a voz do homem surge das cinzas:

"Vou reformular a oração." Essa situação tem origem na mitologia grega. Quando Semele, mãe de Dionísio, pediu ao seu amante Zeus para se mostrar em todo seu esplendor, ele obedeceu — e a destruiu com raios. Como Orson Welles diz: "Quando os deuses querem nos punir, eles atendem nossas orações." Ou como a escritora Susan Ertz disse: "Milhões rezam pela imortalidade, mas não sabem o que fazer com a própria companhia em uma tarde de domingo chuvosa." A lição parece ser: "Tome cuidado com o que você pede, pois pode conseguir."

Conheço um homem que criou um tipo de oração sobre o qual eu nunca havia ouvido falar. Ele a chamava de "oração introdutória", porque começava todas as orações com ela. Era um pedido simples no qual ele pedia a sabedoria de saber rezar. Então, um dia, ele se deu conta de que isso também não era certo, e de que precisava de uma introdução a sua oração introdutória. Então, ele rezou pela sabedoria de saber rezar pela sabedoria de como rezar. A primeira vez em que fez isso, ele começou a rir, porque viu que estava dentro de uma regressão infinita. As introduções podiam prosseguir para sempre e ele nunca chegaria ao cerne da oração. De repente, sua oração toda pareceu muito supérflua. Ele colocou *todas* as palavras — introduções e também a oração que veio em seguida — em favor de uma oração de silêncio, que ele considerou a mais satisfatória de todas.

Atenção com a oração negativa

A maioria das culturas, menos a nossa, acredita que os indivíduos podem prejudicar os outros com seus pensamentos até mesmo a distância, até mesmo quando o "recebedor" não tem consciência da tentativa.

Muitos dizem que "Deus é amor" e que a oração, em princípio, não poderia ser usada para ferir outra criatura. Isso pode refletir a tentativa de "manter as vestes de Deus limpas", como diz o filósofo Alan Watts. Mas, na verdade, a Bíblia tem feitiços e maldições; as vestes de Deus podem não ser tão limpas quanto pensamos. O profeta Eliseu, por exemplo, fez com que 42 crianças fossem comidas por ursos por rirem de sua careca (2 Reis 2:23-24); o apóstolo Paulo deixou um feiticeiro cego (Atos 13:11); e até mesmo Jesus destruiu uma figueira aparentemente inocente por não dar frutos (Mateus 21:19, Marcos 11:13-14, 20-22). São maldições e não "orações negativas"? Talvez, mas para as crianças devoradas pelos ursos, para o feiticeiro cego e para a figueira, provavelmente fazia pouca diferença se as coisas tinham acontecido por uma maldição, um feitiço ou uma oração negativa.

Algumas culturas fizeram pouca distinção entre maldições e orações negativas. Um exemplo é a Polinésia, onde nasceu um costume chamado "oração da morte". Esse ritual se espalhou para as ilhas do Havaí e tem sido estudado com detalhes. Os xamãs Kahuna só o usavam para lidar com pessoas que causavam enorme prejuízo social e que não reagiam a nenhuma outra medida. Os xamãs se reuniam e rezavam pela morte da pessoa em uma ilha distante, sem que ela soubesse. Uma maldição distante ou uma oração negativa? Você decide. De qualquer modo, não é o tipo de feitiçaria associado ao vodu tradicional, no qual o indivíduo enfeitiçado normalmente é avisado a respeito da maldição e, assim, coopera com a previsão funesta. Na oração da morte, a vítima *não sabia*. Isso quer dizer que a morte não pode ser atribuída à sugestão, à expectativa ou aos efeitos do placebo negativo.

Quase todas as culturas ignoram que existe um lado sombrio negativo na oração, e elas criaram muitos métodos para se proteger contra esses acontecimentos. Dizem que rituais complexos, orações, imagens, amuletos e vários comportamentos anulam os efeitos nocivos e oferecem imunidade. Até mesmo o Pai-Nosso diz: "Livrai-nos do mal" — o que parece uma oração de proteção. A maioria das pessoas parece convencida de que a oração "real" não pode prejudicar. Se observam efeitos negativos depois da oração, insistem que não é "culpa" da oração. Se ela tivesse sido genuína, os efeitos não teriam sido negativos. Qualquer coisa para manter as vestes de Deus limpas. Mas talvez não devêssemos ignorar as possibilidades negativas depressa demais. Se esses efeitos forem reais e nós fecharmos nossos olhos para eles, podemos nos tornar excessivamente vulneráveis.

Ocasionalmente, as pessoas acreditam ter causado mal para atingir outras pessoas como resultado de suas orações, apesar de essas pessoas e suas orações poderem ser amáveis e bondosas. Um homem escreveu que ele rezava "seja feita a vossa vontade" para sua esposa doente, que sofria com um tumor cerebral muito avançado. Ela morreu. Certo de que suas orações desempenhavam um papel em sua morte, ele foi tomado pela culpa. Com o aconselhamento de seu ministro, ele conseguiu ir além dessa crença e ver que sua morte era um resultado bom de uma situação terrível.

A oração pode prejudicar? Alguns religiosos aparentemente pensam que sim. Quando os pesquisadores da Spindrift estavam fazendo experimentos laboratoriais sobre os efeitos da oração, membros da paróquia que não concordavam com os estudos estavam rezando por sua derrota. Eles sentiam que os experimentos eram blasfemos, e usavam a oração para sabotá-los.

Pense na história real desta mulher:

> No início dos anos 1970, me envolvi profundamente em meu desenvolvimento pessoal, praticando meditação e ioga, li muito sobre as áreas da metafísica e das religiões mundanas. Naquela época, um parente, uma tia, foi me visitar por alguns dias. Nessa visita, nós duas parecíamos dividir interesses e ideias em comum a respeito da fé, da cura, da oração e da meditação.
>
> Várias semanas mais tarde, depois de ela voltar para casa, na Costa Leste, recebi uma carta invectiva dela. Ela condenava os livros que vira em minhas estantes, dizendo que eu deveria queimar todos os que

versavam sobre ioga, sobre religiões orientais e ocidentais que não fossem o cristianismo tradicional, todos os livros de natureza metafísica. Ela disse que eles eram "satânicos" e "do mal", e que deveriam ser destruídos para que não caíssem nas mãos de outras pessoas que os pudessem ler. Foi o primeiro indício, para mim, de nossas perspectivas básicas e diferentes a cerca dos assuntos sobre os quais falamos. Em vez de destruir os livros, destruí a carta.

Alguns dias se passaram, e não voltei a pensar no assunto. Então, comecei a ter "dores de cabeça" esquisitas todas as manhãs, às 9h. Durante alguns minutos, eu tinha a impressão de que meu cérebro lembrava uma massa de espaguete cozida em um prato. Não conseguia pensar direito. A sensação e a imagem passavam depressa e eu ficava bem até o dia seguinte. Para me ajudar a entender o que isso poderia indicar, procurei um amigo que era psiquiatra.

Ele já tinha trabalhado comigo antes com a psicoterapia intensiva seguida por aulas sobre meditação e cura. Depois de me questionar por um tempo, ele sugeriu que, na próxima vez em que começasse a me sentir assim, eu deveria imaginar um telégrafo saindo de mim e indo para onde deveria ir. Então, deveria imaginar esse telégrafo cheio de amor, despejando amor universal a quem estivesse do lado da linha.

Segui as instruções dele e, para a minha surpresa, o telégrafo me levou imediatamente para a comunidade da Costa Leste onde minha tia morava. Isso foi uma surpresa! Ao despejar amor naquele telégrafo, a sensação de massa de macarrão começou a se dissipar. Depois de fazer essa visualização por dois ou três dias, o problema desapareceu totalmente e nunca mais voltou.

Depois da chegada da carta da minha tia, soube que ela havia se envolvido profundamente em um movimento religioso que estava começando a ganhar grande atenção no país. Ela havia me dito que, diariamente, ao meio-dia, passava alguns minutos rezando. Meio-dia na região dela eram 9h da minha localidade, na Costa Oeste.

Foi uma grande lição para mim sobre o poder da oração. Se os pensamentos dela a cinco mil quilômetros conseguiam me afetar daquele modo, quais outros poderes os pensamentos e as palavras podiam ter? A distância não era problema. Passei a ter um respeito ainda maior pelo poder da oração. Eu me tornei ainda mais cuidadosa a respeito do conteúdo de minhas orações [...] e pensamentos. Aprendi isso sozinha, mas, com o passar dos anos, tive a oportunidade de apresentar workshops e retiros de oração e meditação. Neles, passo a outros a importância de um respeito sadio pelo poder da oração. Falamos sobre palavras, imagens e as diversas frases que uma pessoa pode incluir na oração — "Se for da vossa vontade...", "Para o bem de todos...", e outras.

Esse relato ilustra alguns pontos interessantes:

- Pensamentos negativos e prejudiciais podem vir não apenas dos indivíduos que são maldosos e pesados, mas também de pessoas que são religiosas devotas, assim como o amigo dessa mulher. Qualquer pessoa que seja intolerante e de visão estreita pode ser uma fonte de prejuízo aos outros. Isso não quer dizer que pessoas assim estejam *conscientemente* rezando pelo mal do outro. Mas é mais provável que os pensamentos negativos se originem da mente *inconsciente* e que os indivíduos sejam totalmente alheios ao fato de estar alimentando atitudes prejudiciais sobre o outro.

- A mulher cuja mente estava "confusa" não adotou simplesmente uma postura defensiva e recorreu a orações ou rituais de proteção; ela reagiu com amor. Generosamente, tentou ajudar o amigo distante que sentia algo negativo em relação a ela. Apesar de não conhecermos o efeito dessa estratégia na outra pessoa, conhecemos seus sintomas resolvidos, e ela se sentiu protegida.

É assustador quanta negatividade conseguimos passar em nome da oração. Quando rezamos para a nossa equipe vencer o Superbowl, estamos rezando pela derrota de outro grupo de atletas e pela decepção amarga de seus fãs. Quando rezamos para que nosso exército seja vitorioso, indiretamente estamos pedindo o sofrimento e a morte de nossos inimigos. Isso não quer dizer que devemos nos recolher na passividade e na paralisia, mas precisamos ter noção das consequências do que pedimos.

Hoje, a maioria das pessoas acredita que a oração resulta em algo positivo, ou que é neutra e não faz nada. Quase nunca nós consideramos a possibilidade de que ela pode ser prejudicial. Presos em nossas crenças de que a oração é boa ou neutra, consideramos conveniente ignorá-la. A oração se tornou um luxo, algo que podemos tirar de nosso arsenal se as coisas se complicarem. Se levássemos a sério o lado negativo da oração, não seríamos tão animados, e respeitaríamos o seu poder muito mais do que respeitamos agora. Sabendo que a oração poderia nos prejudicar, ficaríamos atentos. A oração se tornaria real em todos os momentos, não um elemento opcional que pode ser convenientemente ignorado.

A oração nos ajuda a ser determinados, não preocupados

Depois de uma batalha naval entre Atenas e Esparta durante a Guerra do Peloponeso, muitas embarcações estavam afundando e centenas de marinheiros estavam morrendo no mar. Um homem rezava em voz alta à deusa Atenas para que ela o salvasse, mas ele estava afundando. Um colega de barco, perto de alguns destroços, ouviu o pedido e gritou: "Ore para Atenas, mas mexa os braços ao mesmo tempo!"

Todos podemos reconhecer a tendência para a prática espiritual, incluindo a oração, para entrar na inatividade. Por isso temos o provérbio alemão "Deus nos dá nozes, mas ele não as abre", e o alerta de São João Crisóstomo, arcebispo de Constantinopla no século IV: "Alimentar os famintos é um trabalho muito mais importante do que ressuscitar os mortos."

A oração pode ser usada como substituta da ação, e, ao longo da história, aqueles que rezam conquistam a fama de ser passivos e de evitar os problemas reais do mundo. O mosteiro e o convento são constantes em toda religião, e sempre existiram indivíduos que se retraíram na solidão e na oração para sair da tristeza e da confusão do mundo.

O teólogo e médico britânico John Polkinghorne, presidente da Queen's College, em Cambridge, não vê conflito entre a oração e a ação. "A oração não substitui a ação, mas a desenvolve." Ele observa: "Se meu vizinho é tedioso e repetitivo ao contar as histórias de sua juventude, não me absolvo da responsabilidade de ouvir com atenção simplesmente por ele." Na mesma linha, C.S. Lewis comentou, certa vez: "Sempre rezo pelos outros quando deveria estar fazendo coisas por eles. É muito mais fácil rezar por um problema do que enfrentá-lo."

A oração frequentemente clareia nossa visão a respeito do que precisa ser feito. Mas não devemos esperar que isso surja da oração em um halo celestial, prontos para a batalha, como Joana D'arc seguindo suas revelações. A interação entre a oração e a ação costuma ser mais sutil. Mais frequentemente, a compreensão da tarefa de uma pessoa se abre gradualmente a partir do senso de reverência, divindade e oração que começa a permear nossa vida como um todo, não de um momento altamente intenso durante uma oração específica.

A psicóloga Ira Progoff relata um acontecimento na vida de Abraham Lincoln que revela essas conexões serenas, mas profundas. Lincoln teve uma vida rica de oração e é conhecido como um dos presidentes norte-americanos mais espiritualizados. No início da vida, ele recebeu sinais de que o trabalho significativo esperava por ele, mas que teria que refinar seu intelecto e dominar habilidades profissionais se quisesse seguir seu destino. Em seu ambiente, entretanto, poucas ferramentas ou oportunidades para o desenvolvimento profissional existiam, e Lincoln temia que suas esperanças nunca fossem satisfeitas.

Um dia, um estranho se aproximou com uma caixa cheia de coisas e jornais velhos, e ofereceu tudo aquilo a Lincoln por um dólar. Percebendo que o homem era pobre, Lincoln, com sua gentileza de sempre, deu a ele um dólar, apesar de não fazer ideia de como usar os objetos. Mais tarde, ao analisar o conteúdo, encontrou no meio do lixo uma edição quase completa de *Commentaries*, de Blackstone. Aqueles livros ajudaram Lincoln a se tornar advogado e, por fim, entrar na política.

O respeito e a gentileza que Lincoln sentia pelos outros, normalmente frutos da oração, criaram uma abertura para um acontecimento de mudança de vida que não teria acontecido se a situação fosse outra. Lincoln não foi surpreendido durante a oração com uma revelação repentina a respeito do trabalho de sua vida. Ingredientes simples — uma caixa velha, um estranho necessitado, um dólar e a compaixão nata de Lincoln — se uniram de modo espetacular para ajudar a moldar o destino de uma nação e afetar milhões de vidas.

"Não é bom pedir por momentos ricos", disse também C.S. Lewis, falando sobre experiências como as de Lincoln:

> Deus, às vezes, parece falar conosco do modo mais íntimo quando nos flagra sem guarda. Nossas preparações para recebê-lo normalmente têm o efeito oposto [...]. "O altar deve ser construído em um local para que o fogo do céu possa descer *em outro lugar*."

Nossa preferência pelos "momentos ricos" é um motivo pelo qual deixamos de fazer o trabalho que precisa ser feito em nosso mundo complicado. Parece que estamos cada vez mais viciados nas espetaculares manifestações da vida espiritual — as visões dinâmicas, as experiências paranormais, as revelações incríveis, milagres, e assim por diante. Enquanto esperamos que essas coisas aconteçam, nos tornamos insensíveis ao fato principal da vida: *tudo* é um milagre, a começar dos detalhes mais básicos.

Em 1987, vivemos a "Convergência Harmônica", uma data prefigurada na profecia arcana que alguns visionários acreditam que seria um acontecimento importante na evolução da raça humana. Eu não compreendia nem me importava muito se o acontecimento era baseado em superstição ou fato, mas me senti fascinado pelo modo como um grande número de pessoas estava sendo psicologicamente energizada conforme a convergência se aproximava. Para sentir o clima, decidi participar de uma reunião matinal para ver o nascer do sol em um amplo campo gramado perto de Dallas, onde eu morava na época. Cheguei com centenas de celebrantes na escuridão da madrugada. Formamos um círculo e demos as mãos. Alguém começou a cantar uma canção da geração "paz e amor", todos acompanhamos, e a música antiga dos anos 1960 ganhou vida. Um sol forte subiu aos poucos e as sombras desapareceram, e permanecemos em silêncio por muito tempo. A alegria e a gratidão eram palpáveis, e as pessoas choravam. Por fim, o grupo todo se dispersou em silêncio, e meu coração ficou pleno.

Voltando para o carro, passei por um jovem de vinte e poucos anos sentado no capô de seu carro, olhando para o nada. Parecia desconsolado e à beira das lágrimas. "Você está bem?", perguntei. Ele ficou um tempo sem responder. Por fim, disse: "Não aconteceu nada. Nadinha. Nada, nada, nada!"

Nada aconteceu, só milagres: estávamos cercados pelo Sol, pela Terra, pela Vida, pela Consciência, pelo Amor. O que podia ser acrescentado?

Utopia vem de palavras gregas que significam "fora de um lugar". Se utopia significa não estar em "um" lugar, então ela está em todos os lugares. Utopia, passamos a perceber, é *aqui* e *agora*. Bem-vindo, jovem do capô, à Utopia.

A oração pode nos revelar que esperar por um chamado milagroso à ação é desnecessário. O chamado à atividade nunca será mais milagroso do que o aqui e agora. Nós já somos envolvidos no milagroso; não precisamos esperar por momentos ricos. Está na hora de sair do capô, entrar no mundo e trabalhar.

Os grandes heróis e heroínas da história não esperavam até que se tornassem psicologicamente perfeitos ou até que suas orações fossem atendidas antes de entrar em ação. Não existe indício de que Arthur, Gawain, Beowulf, Odisseu — ou São Francisco, São João da Cruz, Hildegarde, Santa Teresa, Julian de Norwich e Florence Nightingale — fossem psicologicamente saudáveis. De fato, existe muita evidência de que não eram. Além disso, muitos tinham sérios problemas físicos também.

Não consigo me lembrar da última vez em que ouvi *coragem* e *heroísmo* mencionados em uma palestra ou em um seminário de fim de semana. Podemos deixar de ser preocupados e passar a ser determinados? A tarefa é arriscada, mas sempre foi. Como diz um amigo: "A vida espiritual não é para os fracos." Muitos que avançam não sobreviverão. Os heroicos morrem. Mas devemos enfrentar os problemas que temos, incluindo os nossos, e não analisá-los nem rezar para que desapareçam.

Oração *ou* ação? A pergunta desaparece. Devemos rezar e nos mexer ao mesmo tempo.

EPÍLOGO

Em uma reunião para rezar dentro de um navio com destino a Londres, em 1931, onde viajava para lutar pela independência da Índia, Mahatma Gandhi disse:

> [A oração] salvou minha vida... Eu vivi experiências muito amargas, tanto públicas quanto particulares. Elas me deixaram em desespero temporariamente. Se consegui me livrar desse desespero foi por causa da oração [...] ela foi muito necessária quando me vi em apuros dentro dos quais não poderia ser feliz. E, com o passar do tempo, minha fé em Deus aumentou e o desejo de rezar se tornou cada vez mais irresistível. A vida parecia ser chata e vazia sem ela [...]. Apesar do desespero que me encarava no horizonte político, nunca perdi a paz.
>
> Essa paz vem da oração [...]. Eu sou indiferente à forma. Todo mundo é uma lei em si mesmo nesse aspecto. Que todo mundo tente e descubra que, como resultado da oração diária, ele acrescenta algo novo em sua vida.

Apesar de nós, como Gandhi, podermos rezar não por escolha, mas por necessidade, costumamos descobrir, com o tempo, que não podemos ficar sem ela. A oração nos alimenta grandemente e parece necessária para a nossa existência. Mas, em nosso entusiasmo pela oração, não nos esqueçamos do apoio forte de Mahatma à tolerância, necessário porque, de certo modo, “todo mundo é uma lei em si”.

Além da tolerância, a *simplicidade* também é um marco da prática espiritual autêntica. Dalai Lama disse: “Minha religião é muito simples. Minha religião é a gentileza.”

Assim, no espírito da tolerância e da simplicidade, termino este livro esperando que o leitor deixe de lado todos os comentários de antes e embarque em sua viagem da oração. Ainda que possa ser uma viagem pessoal, não precisa ser solitária. E por que seria? Se você rezar por mim, e eu por você...

ANEXO

Entrando em uma lista de oração

Se você deseja as orações dos outros, pense em colocar seu nome em uma lista de oração. Aprenda aqui.

A maioria das congregações protestantes e católicas grandes têm ministérios de oração. Quase todas as sinagogas conservadoras ou ortodoxas oram por quem pede oração nas segundas-feiras, quintas-feiras e sábados. Listas de oração para leigos também são comuns. Para encontrá-las, fique atento. Pergunte a amigos. No improvável caso de você não conseguir localizar um grupo de oração, inicie um.

Você também pode entrar para um grupo de oração como intercessor — aquele que ora pelos outros. É uma forma única de voluntariado. As pessoas que atuam assim costumam descobrir que suas vidas se tornam mais alegres e mais satisfatórias — evidência de que a oração é boa não só para quem a recebe, mas para quem ora também.

Listas de oração também são encontradas na internet e em jornais.

NOTAS

Notas do autor

12 "Sobre Deus em si, nenhum homem consegue pensar." *The Cloud of Unknowing*, trans. Clifton Wolters. Baltimore: Penguin Books, 1961, p. 59.

12 "Quem percebe algo em Deus [...]." Meister Eckhart, trans. Edmund Colledge e Bernard McGinn. New York-Paulist Press, 1981, p. 204-5.

12 "A natureza de Deus é não ter natureza", Meister Eckhart, trans. Raymond B. Blakney. New York: Harper & Row, 1941, 243.

Introdução

13 Para a discussão do *Wall Street Journal* sobre estudos científicos da oração, ver Joseph Pereira, "The Healing Power of Prayer Is Tested by Science", *Wall Street Journal*, 20 de dezembro de 1995.

13 "Pesquisas recentes mostram que 75% dos pacientes acreditam [...]". Ver David B. Larson e Mary A. Greenwold Milano, "Are Religion and Spirituality Relevant in Health Care?" *Mind/Body Medicine 1*, n. 3. 1995: 147-57.

14 "[...] a maioria de nós reza por nossos pacientes." Ver J. Martin e C. Carlson, "Spiritual Dimensions of Health Psychology", em *Behavioural Therapy and Religion*, ed.

W.R. Miller e J. Martin. Beverly Hills: Sage Publications, 1988, p. 57-110.

14 "Estatisticamente, Deus faz bem para você [...]", David B. Larson, citado por John Boudreau, "Scientists Examine the Healing Powers of Prayer", *Contra Costa* [California] *Times*, 21 de janeiro de 1996.

15 "[...] trabalho científico que detalhava como ela foi testada em um hospital moderno em um grupo grande de cardiopatas." O trabalho foi de Randolph C. Byrd, "Positive Therapeutic Effects of Intercessory Prayer in a Coronary Care Unit Population", *Southern Medical Journal* 81, n. 7, julho de 1988: 826-29.

16 "Pensamentos parecidos com oração, oferecidos a distância, já mostraram aumento no índice de cura de cortes cirúrgicos [...]". Ver a pesquisa de Daniel P. Wirth, "The Effect of Non-contact Therapeutic Touch on the Healing Rate of Full Thickness Dermal Wounds", *Subtle Energies 1*, n. 1, 1990: 1-20; e Daniel P. Wirth, "Full Thickness Dermal Wounds Treated with Non-contact Therapeutic Touch: A Replication and Extension", *Complementary Therapies in Medicine 1*, 1993: 127-32.

16-17 "[...] fé religiosa está associada à recuperação mais rápida depois de uma cirurgia [...]". Ver a pesquisa de P. Pressman, J.S. Lyons, D.B. Larson e J.S. Strain, "Religious Belief, Depression, and Ambulation Status in Elderly Women with Broken Hips", *American Journal of*

Psychiatry 147, 1990: 758-60; e T.E. Oxman, D.H. Freeman, e E.D. Manheimer, "Lack of Social Participation or Religious Strength or Comfort as Risk Factors for Death after Cardiac Surgery in the Elderly", *Psychosomatic Medicine* 57, 1995: 5-15.

PARTE UM: A EVIDÊNCIA

21 "[...] a evidência sugere que rezar, como os medicamentos, poder ter efeitos positivos, neutros ou negativos [...]." Ver Larry Dossey, "When Prayer Hurts", *Healing Words: The Power of Prayer and the Practice of Medicine*. São Francisco: HarperSanFrancisco, p. 145-58. "We are not setting a trap to catch God in [...]". Deborah Rose, "Letters to the Editor", *Home Catacomb* 8, n. 8. Setembro de 1994, 3-4. Comentários subsequentes de Rose também se referem a essa fonte.

31 "Precisamos de um sistema religioso com a ciência em sua essência [...]", Margaret Mead, citada em "Five Who Care", *Look*, 21 de abril de 1970.

32 "*Examinador*: O que é eletricidade? [...]". John D. Barrow, *The World Within the World*. Nova York: Oxford Univ. Press, 1988, p. 193.

32 "Não devemos esperar que as ciências naturais nos deem conhecimento [...]." Erwin Schrodinger, "The Spirit of Science", em *Spirit and Nature*, trabalhos da Eranos

Yearbooks, ed. Joseph Campbell, Bollingen Series 30-31. Princeton: Princeton Univ. Press, 1954, p. 324-25.

33 "Nunca haverá uma oposição real entre a religião e a ciência [...]." Max Planck, *Where Is Science Going?*, 1933; reimpressão, Woodbridge, CT: Ox Bow Press, 1981, p. 168-69.

34 "A lista de excelentes físicos que tinham visões parecidas é muito longa [...]." Para ver a reunião de tais opiniões, ler Ken Wilber, *Quantum Questions: The Mystical Writings of the World's Great Physicists*. Boston: Shambhala, 1984.

36 "[...] a oração distante ou intercessora funciona *sem o conhecimento* de quem a recebe". Ver Larry Dossey, "Prayer and Healing: Reviewing the Research", *Healing Words: The Power of Prayer and the Practice of Medicine*. São Francisco: HarperSanFrancisco, 1993, p. 169-96. Ver também Daniel J. Benor, *Healing Research*. Munich: Helix Verlag, 1993. Endereço: Windeckstrasse 82, D-81375 Munique, Alemanha.

39 "Em um estudo feito pelo cardiologista Randolph Byrd envolvendo 393 pacientes na unidade de terapia coronária do San Francisco General Hospital [...]". Ver Randolph G. Byrd, "Positive Therapeutic Effects of Intercessory Prayer in a Coronary Care Unit Population", *Southern Medical Journal* 81, n. 7, julho de 1988: 826-29.

40 "Outros estudos compararam a capacidade de as pessoas influenciarem os índices de crescimento de organismos de perto (1,5m) e de longe (24km)." Ver a pesquisa de J. Barry, "General and Comparative Study of the Psychokinetic Effect on a Fungus Culture", *Journal of Parapsychology* 32, 1968: 237-43; e W. Tedder e M. Monty, "Exploration of Long-distance PK: A Conceptual Replication of the Influence on a Biological System", *Research in Parapsychology* 1980, 1981: 90-93.

42 "O médico vencedor do prêmio Nobel, Brian Josephson, do Laboratório Cavendish, da Universidade Cambridge, sugere que esses fenômenos *quânticos* não locais podem esconder muitos acontecimentos *humanos* [...]." Ver B.D. Josephson e F. Pallikara-Viras, "Biological Utilization of Quantum Nonlocality", *Foundations of Physics* 21, 1993: 197-207.

Parte dois: A controvérsia

47 "Todos os anos, quase dois milhões de indivíduos internados em hospitais dos Estados Unidos acabam contraindo infecções [...]." Para uma discussão sobre doença iatrogênica, ver Jeffrey A. Fisher, *The Plague Makers*. New York: Simon & Schuster, 1994, p. 31.

48 "O *Physicians' Desk Reference* [...] é o guia médico da profissão para a descrição de medicamentos [...]." *Physicians' Desk Reference*, 49ª ed. Montvale, NJ: Medical Economics Data Production Company, 1995.

49 "As pesquisas já mostraram com frequência que as pessoas que optam por terapias alternativas normalmente são *mais* educadas [...]." Ver David J. Hufford, "Cultural and Social Perspectives on Alternative Medicine: Background and Assumptions", *Alternative Therapies* 1, n. 1, 1995: 53-61; B.R. Cassileth, E.J. Lusk, T.B. Strouse, F.J. Bodenheimer, "Contemporary Unorthodox Treatments in Cancer Medicine: A Study of Patients, Treatments, and Practitioners", *Annals of Internal Medicine* 10, 1984: 105-12.

58 "Mais de 130 estudos controlados de laboratório mostram, em geral, que a oração [...] pode trazer mudanças saudáveis [...]." Ver Larry Dossey, "Prayer and Healing: Reviewing the Research", *Healing Words: The Power of Prayer and the Practice of Medicine.* São Francisco: HarperSanFrancisco, 1993, p. 169-96. Ver também Daniel J. Benor, Healing Research 1-2. Munique: Helix Verlag, 1993.

59 "Aqueles que obtêm pelo menos um pouco de força e conforto — esperança! — da religião têm mais chance de viver por mais tempo [...]." Para o papel da fé na cura, ver "Faith Heals", *Mental Medicine Update* 4, n. 2, 1995: 1.

59 "Vários estudos em seres humanos mostram que podemos morrer como resultado de crenças desesperadas [...]." Para ver uma discussão sobre a morte resultada da desesperança, ver Larry Dossey, *Meaning & Medicine.* New York: Bantam, 1993.

63 "Complicando essa área está a evidência considerável de que podemos retardar processos biológicos em organismos vivos [...]." Ver Larry Dossey, "When Prayer Hurts", em *Healing Words*. São Francisco HarperSan-Francisco, 199, p. 145-58.

65 "Há vários anos, o marido de minha amiga, Stephen, se envolveu em um acidente de carro quase fatal e sofreu ferimentos graves." Comunicação pessoal com o autor, 20 de junho de 1995. Usado com permissão.

69 "Se eu soubesse que meu médico estava rezando por mim, procuraria outro médico [...]", Annie L. Gaylor, citada por Steve Brewer, "UNM [Universidade do Novo México] Study on Prayer Raises Ire", *Albuquerque Journal*, 3 de maio de 1995.

72 "Em maio de 1995 [...]" Ver Charles Marwick, "Should Physicians Prescribe Prayer for Health? Spiritual Aspects of Well-Being Considered", *Journal of the American Medical Association* 273, n. 20, 24 de maio de 1995: 1561-62.

73 "Hoje, mais de 130 estudos científicos controlados que investigam os efeitos da oração intercessora têm sido feitos [...]." Para uma discussão desses estudos, ver Larry Dossey, *Healing Words The Power of Prayer and the Practice of Medicine*. São Francisco HarperSanFrancisco, 1993; ver também Daniel J. Benor, *Healing Research* 1-2. Munich Helix Verlag, 1993. Para uma discussão dos 250

estudos sobre a prática de religião e saúde, ver Jeffrey S. Levin, "Religion and Health Is There an Association, Is It Valid and Is It Causal?", Social Science and Medicine 38, 1994 1475-1482. Ver também J.S. Levin e P.L. Schiller, "Is There a Religious Factor in Health?" *Journal of Religion and Health* 267, 1987 9-36. Ver também o trabalho pioneiro de David B. Larson. Especialmente recomendada é sua análise, com Susan S. Larson, do campo da religião e da saúde, *The Forgotten Factor in Physical and Mental Health What Does the Research Show?*. Essa informação está disponível na forma de módulo de aula autodirigido e pode ser obtido no National Institute for Healthcare Research.

75 "Se meu médico rezasse pela minha recuperação, eu consideraria processá-lo por negligência médica." Richard J. Goss, citado por Joseph Pereira, "The Healing Power of Prayer Is Tested by Science", *Wall Street Journal*, 20 de dezembro de 1995.

75 "Em uma pesquisa, mais de 75% dos pacientes acreditavam que seu médico deveria abordar questões espirituais como parte dos cuidados médicos." David B. Larson e Mary A. Greenwold Milano, "Are Religion and Spirituality Clinically Relevant?" *Mind/Body Medicine* 1, n. 3, 1995 147-57. Para ver discussões de médico-paciente a respeito de questões religiosas, ver T.A. Maugans e W.C. Wadland, "Religion and Family Medicine A Survey of Physicians and Patients", *Journal of Family Practice* 31, 1991: 210-13. Para as atitudes de pacientes de hospital

em relação ao uso da oração feito pelo médico, ver D.E. King e B. Bushwick, "Beliefs and Attitudes of Hospital Inpatients about Faith Healing and Prayer", *Journal of Family Practice* 39, 1994: 349-52.

PARTE TRÊS: O QUE É ORAÇÃO?

83 Plutarco citado em C.L. Sulzberger, *Go Gentle into the Good Night*. Englewood Cliffs, NJ: Prentice-Hall, 1976, p. 24.

84 "Quando aplicada [...]." Para uma discussão a respeito de experimentos científicos na oração não local, ver Larry Dossey, *Healing Words: The Power of Prayer and the Practice of Medicine*. São Francisco: HarperSanFrancisco, 1993.

85 "Esses casos não são explicáveis [...]" Para ler sobre a capacidade de a consciência funcionar a distância, ver Rupert Sheldrake, *Seven Experiments That Could Change the World*. New York: Riverhead, 1995, p. 33-72.

97-98 "Muitos experimentos com a oração têm sido feitos nas últimas três décadas envolvendo pessoas de diversas variedades religiosas [...]." Para ver os resultados desses estudos, ver Deborah Rose, "The Spindrift Story", *Home Catacomb* 9, n. 8, 1995: 8.

99 "Uma Mercedes Benz e um portfólio bem-montado são um sinal da graça de Deus?" De "Notes on the Catacomb Wall", *Home Catacomb* 9, n. 2, 1995: 11.

99 "Você pode dizer a Deus qual papel gostaria que ele tivesse [...]" Evangelista da tevê, Robert Tilton, citado por Richard N. Ostling, "Heresy on the Airwaves", *Time*, 5 de março de 1990, p. 62.

100 "Deus tira um homem de seu forno cósmico [...]." *Stray Light Times*, n. 1, 13 de janeiro de 1993: 2.

100 "Para aprender a ter os pedidos atendidos, um homem não tem que conhecer nem amar Deus [...]." Aldous Huxley, *The Perennial Philosophy*. New York: Harper & Row, 1944, p. 220-21.

101 "O homem justo ama Deus por nada [...]." Meister Eckhart, citado em Raymond B. Blakney, *Meister Eckhart*. Nova York: Harper & Row, 1941, p. 241.

101 "Havia um garoto de 17 anos que se envolveu em um acidente de moto [...]." Betsy MacGregor, "Health Reform and the Sacred", uma discussão em grupo, *Advances* 11, n. 1, inverno de 1995: 37-54.

103 "Pedi força a Deus [...]." "Prayer of an Unknown Confederate Soldier", The Oxford Book of Prayer. Nova York: Oxford Univ. Press, 1985, p. 119.

104 "Só é possível viver feliz para sempre dia após dia [...]." Margaret Bonnano, "Sunbeams", *The Sun*, n. 198, maio de 1992: 40.

104 "E alguns, como eu, estão começando a perceber [...]." Adair Lara, citado em "Sunbeams", *The Sun*, n. 222, junho de 1994: 40.

Parte quatro: Como rezar

110 "Quando os resultados foram analisados separadamente [...]." E. Haraldsson e T. Thorsteinsson, "Psychokinetic Effects on Yeast: An Exploratory Experiment", *Research in Parapsychology*. Metuchen, NJ: Scarecrow Press, 1973, p. 20-21.

110 "Nesses testes, assim como no experimento da Islândia, os praticantes mais experientes produziam os resultados mais fortes [...]." Para ver uma discussão a respeito dessa pesquisa, ver Spindrift, *The Spindrift Papers: Exploring Prayer and Healing Through the Experimental Test*. Lansdale, PA; Spindrift, 1994. Ver também Larry Dossey, "The Spindrift Experiments", *Recovering the Soul*. Nova York: Bantam, 1989, p. 58-62.

114 "Uma criança aparecia todos os dias [...]." Walt Whitman, "There Was a Child Went Forth", *A Choice of' Whitman's Verse*. Londres: Faber and Faber, 1968, p. 21.

118 "A evidência que apoia esse efeito difundido é abundante [...]." Para ver uma análise desses estudos, ver Daniel J. Benor, *Healing Research*, vols. 1-2. Munique: Helix Verlag, 1993; e Larry Dossey, *Healing Words: The Power of*

Prayer and the Practice of Medicine. São Francisco: HarperSanFrancisco, 1993.

118 "Os pesquisadores começaram a estudar os benefícios para a saúde de se ter animais de estimação." A pesquisa do dr. Aaron H. Katcher, Prof. Ann Ottney Cain, dr. Herbert Benson, Peter R. Messent, e Sharon L. Smith é discutida em Joan Arehart-Treichel, "Pets: The Health Benefits", Science News 121, 1982: 220-23.

121 "E os animais de estimação, assim como a oração, salvam vidas." A pesquisa da dra. Erika Friedmann é discutida por Bruce Bower, "Stress Goes to the Dogs", *Science News* 140, 1991: 285.

124 Comunicação pessoal de Hilary Petit, D.V.M., Sacramento, Califórnia, abril de 1995. Usada com permissão.

129 "Muitos cristãos rezam sem fervor [...]." C.S. Lewis, *Letters to Malcolm: Chiefly on Prayer*. Nova York: Harcourt Brace Jovanovich, 1964, p. 114.

131 "Eu me lanço em meu quarto [...]." John Donne, citado em "Sunbeams", *The Sun*, n. 228, dezembro de 1994: 40.

132 "Deus tem um modo estabelecido para a oração [...]." Dorothy Day citada em "Sunbeams", *The Sun*, n. 233, março de 1995: 40.

139 "Como Richard Foster disse, Francisco 'não parecia um homem rezando, mas a oração feita em um homem.'" Richard J. Foster, *Prayer: Finding the Heart's True Home*. San Francisco: HarperSanFrancisco, 1992, p. 117.

141 "*Não é moralmente superior usar um método [de oração] em vez de outro* [...]", Deborah Rose, "The Spindrift Story", *Home Catacomb* 9, n. 8, novembro de 1995: 7.

141 "As pessoas perguntam: 'Que tipo de oração devo fazer?'", Deborah Rose, "The Spindrift Story", *Home Catacomb* 9, n. 2, março de 1995: 11-16.

143 "O reino do céu existe dentro de nós [...]." Michael Toms. Entrevistas com Joseph Campbell, séries em fitas.

143 "De acordo com a história, os deuses estavam discutindo sobre onde esconder o segredo da vida [...]." Essa história é contada por James W. Jones, em *Middle of This Road We Call Our Life*. São Francisco: HarperSanFrancisco, 1994, p. 24-25.

150 "Acredito que a coerência divina e humana em oração [...].", John Polkinghorne, "Can a Scientist Pray?" Explorations in Science and Theology, Templeton London Lectures at the RSA. Londres: The Royal Society for the Encouragement of Arts, Manufactures & Commerce, 1993, p. 17-22.

154 "Em dezembro de 1992, fui diagnosticado com um tipo de câncer agressivo na bexiga que havia se espalhado para os nódulos linfáticos [...]." Relato de comunicação pessoal, 1995. Usado com permissão.

156 "Em dois anos, meu marido e eu perdemos nossos empregos [...]." Relato de comunicação pessoal, 1995. Usado com permissão.

157 "Ao longo da história humana, sonhos e orações à noite têm atendido os grandes padres [...]." As orações da noite estão voltando. Ver *Prayers At 3 A.M. Poems, Songs, Chants, and Prayers for the Middle of the Night* de Phil Cousineau. São Francisco: HarperSanFrancisco, 1995.

162 "O misticismo pode apresentar ameaças sérias à saúde [...]." Karen Armstrong, *Visions of God*. Nova York: Bantam, 1994, p. x-xi, 5.

165 "Deborah Rose [...] faz uma analogia de rezar por tomates saudáveis [...]." Ver Deborah Rose, "The Spindrift Story", *Home Catacomb* 9, n. 2, março de 1995: 11-16. Os comentários de Rose sobre a "força do pedido" na oração também são dessa fonte.

168 "Na minha cozinha, em casa, não precisávamos que o leite permanecesse fresco [...]", Deborah Rose, "The Spindrift Story", *Home Catacomb* 9, n. 9, dezembro de 1995: 9.

170 A seção "Rezando por milho em Iowa" é compilada das seguintes fontes: Joyce Vogelman, "Power of Prayer: Congregations Pray for Thousands of Iowa Farmers During Harvest", *Iowa Farmer*, 30 de setembro de 1995; Jean Caspers-Simmet, "Help from High Places? Pastor Inspired Parishioners to Pray at Harvest,", *Agri News* 40, n. 22, 23 de novembro de 1995; e comunicação pessoal por escrito do reverendo Karl E. Goodfellow, dezembro de 1995.

173 "Conheça nosso ambiente [...]." Pastora Mary K. Green, motivacional para 10 de outubro, *God's Harvest-God's People*, ed. Karl E. Goodfellow. Guttenberg, IA: United Methodist Church, 1996, p. 5.

174 "Os acidentes acontecem muito depressa." Liz Goodfellow, *God's Harvest — God's People*, ed. Karl E. Goodfellow. Guttenberg, IA: United Methodist Church, 1996, 23.

178 "Se Deus tivesse atendido todas as orações tolas que fiz na vida [...]." C.S. Lewis, *Letters to Malcolm: Chiefly on Prayer*. New York: Harcourt Brace Jovanovich, 1964, p. 28.

179 "Percebemos isso em histórias como 'a vingança da fada boa' [...]." Ver a pesquisa de Mary Catherine Bateson sobre esse tema do folclore em seu artigo "The Revenge of the Good Fairy", *Whole Earth Review*, n. 55, verão de 1987: 34-48.

180 "Eu me lembro de ter visto um desenho [...]." Do *Out of Time*, uma publicação da Endeavor Academy, Lake Delton, WI: Academy Publishing, primeiro trimestre de 1993, p. 5.

182 "Algumas culturas fizeram pouca distinção entre maldições e orações negativas [...]." Ver Larry Dossey, "When Prayer Hurts", *Healing Words: The Power of Prayer and the Practice of Medicine*. São Francisco: HarperSanFrancisco, 1993, p. 145-58.

184 "A oração pode prejudicar? Alguns religiosos aparentemente pensam que sim [...]." Para ver um exemplo de folclore religioso contrário ao estudo da oração, ver Theodore Rockwell, "The Bridge of Sighs: Problems of Building a Sci/Psi Bridge", *Home Catacomb* 8, n. 9, outubro de 1994: 1-3.

184 "No início dos anos 1970, me envolvi profundamente em meu desenvolvimento pessoal [...]." Comunicação pessoal com o autor, 20 de junho de 1995. Usado com permissão.

189 "Deus nos dá nozes, mas ele não as abre [...]." Citado em *Sunbeams: A Book of Quotations*, ed. Sy Safransky. Berkeley: North Atlantic Books, 1990, p. 14.

189 "Alimentar os famintos é um trabalho muito mais [...]." Citado em *Sunbeams*, *The Sun*, n. 237, setembro de 1995: 40.

189 "A oração pode ser usada como substituta da ação [...]." John Polkinghorne, "Can a Scientist Pray?" *Explorations in Science and Theology*, Templeton London Lectures at the RSA. Londres: Royal Society for the Encouragement of Arts, Manufactures & Commerce, 1993, p. 17-22.

190 "Sempre rezo pelos outros quando deveria estar fazendo coisas por eles [...]." C.S. Lewis, *Letters to Malcolm: Chiefly on Prayer*. Nova York: Harcourt Brace Jovanovich, 1964, p. 66.

190 "A psicóloga Ira Progoff relata um acontecimento na vida de Abraham Lincoln [...]." Ver Ira Progoff, Jung, Synchronicity, and Human Destiny. Nova York: Julian Press, 1973, 170-71.

191 "Não é bom pedir por momentos ricos [...]." C.S. Lewis, *Letters to Malcolm: Chiefly on Prayer*. New York: Harcourt Brace Jovanovich, 1964, p. 117.

Epílogo

197 "[A oração] salvou minha vida [...]." Mahatma Gandhi, citado em Louis Fischer, ed., *The Essential Gandhi*. New York: Random House, 1962, p. 309-10.

AGRADECIMENTOS

Agradeço às muitas pessoas que ofereceram incentivos abordando a questão da oração na medicina.

A Garry e Bet: Nós não sabíamos que estávamos sendo influenciados tão profundamente por todas aquelas orações em nossa infância em Prairie Point, certo? Ou seria Prayer-y Point?

Para meus pais, que mantiveram a mim e meu irmão — dois gêmeos prematuros e de um quilo cada — vivos com orações e uma lareira no frio do Texas.

E a Barbara, minha esposa, que continua sendo minha oração atendida.

— Larry Dossey
Santa Fé, Novo México

Publisher
Kaíke Nanne

Editora executiva
Carolina Chagas

Editora de aquisição
Renata Sturm

Coordenação de produção
Thalita Aragão Ramalho

Produção
Anna Beatriz Seilhe

Revisão de tradução
Clarisse Cintra

Revisão
Luiz Fernando Pecis
Thaís Nacif

Diagramação
Lúcio Nöthlich Pimentel

Este livro foi impresso no Rio de Janeiro, em 2015, pela Edigráfica, para a Editora Agir. O papel do miolo é avena 80g/m^2, e o da capa é cartão 250g/m^2.